# 超優溝通力，人生得意不碰壁

戴晨志著

凡事圓融溝通，讓你滿面春風

晨星出版

# 自序

## 要留一條路給別人走，別人才會留一條路給我們走

戴晨志

年輕剛退伍時，我沒有工作。因為是唸藝專廣電科，剛好有個朋友說，某個廣播電台正在錄製廣播劇，有缺角色人手，於是就介紹我過去，參一角。

到了錄音室，主其事的人，是一位知名的男播音員；他拿本劇本給我，也指定我擔任其中的一個角色。我一看，是一個小角色，戲份不多，台詞也不多，對我這個廣電科出身的人來說，應該沒什麼問題。

後來，廣播劇開錄了，每個人都按照自己劇本的角色與劇情，在錄音室裡演錄廣播劇。有時，難免會有NG，但是，約一個小時後，廣播劇終於錄完了一部分。

知名播音員說，今天暫時錄到這裡，休息了。

後來，我問這播音員說：「下次什麼時候再錄？我什麼時候再來？」

這知名播音員拿了一個信封，對我說：「這是給你的車馬費，下次你就不用來了……謝謝你今天過來……」

我一聽，愣了一下，但也不能說什麼，只有拿著信封袋，難過地離開……

這是我這輩子，錄過唯一一次的廣播劇。沒有第二次。

後來，我考了中廣、警廣、正聲電台，都不被錄取。我……真的不適合吃「廣播」這行飯……聲音，不夠好。不過，兩年後，我到美國念書，拿了廣播電視碩士回台，也以第一名考上華視記者。

回想這件事，還好，當時沒有被錄取當播音員，才激發我出國念書的鬥志，後來才能進入電視台。

**天，無絕人之路！**

**信念造就一生，堅毅成就美夢！**

**人，要看好自己，別小看自己啊！**

◎

回首一看，這已經是三十年前的往事了，如今，我也已經步入了中年。在這些年之中，我繼續赴美攻讀博士學位、在世新口傳系擔任系主任，也寫了五十本書，在海內外演講了三千多場。

前一陣子，應高雄佛光山朋友的邀請，前往「佛陀紀念館」參觀，也受到副館長永融法師的熱情接待。

中午時分，也與慧屏法師一起用餐。說實在的，我很少吃素食，這次應該可以說，是我第一次在素食餐廳吃素食。

慧屏法師在用餐時說，有一次，星雲大師要搭高鐵，他幫星雲大師推輪椅。

在高鐵站，常會有許多信徒想和星雲大師拍照，但為了減少拍照的時間，慧屏法師就將星雲大師的輪椅推到高鐵月台上、靠近上車安全線的地方。

其實，星雲大師的年紀大了，視力也不太好，弟子們怕大師經常受到困擾。此時，星雲大師坐在輪椅上，叫慧屏法師「往後退」。慧屏法師只好將輪椅往後退。

「再退、再退、再退……」星雲大師大聲說著，甚至用自己的腳，使力地往後蹬。

「師父，已經不能再退了，都快碰到牆壁了！」慧屏法師說。

這時，星雲大師才說：「剛才你停輪椅的地方，是別人要走的路……我們要留一條路給別人走，別人才會留一條路給我們走……」

◎

聽了這句話，真是讓我領悟許多。

人與人之間的相處、溝通，都需要「同理心」，也要站在別人的立場來看事情。就像伸出一隻手掌，你看到「手心」，我看到「手背」，每個人看的角度不同，立場不同，答案自然就不同。

**不過，只要心存美善之心，多為別人著想，多留一條路給別人走，別人也會留一條路給我們走。**

# 目錄



## CH 1 溫暖的溝通力，讓你無往不利

# CH 2
## 正向說話的力量，助你充滿正能量

# CH 3

## 金盃、銀盃，不如別人的口碑

# CH 4

## 真愛美善溝通，感動深植心中

# 溫暖的溝通力，讓你無往不利

# CH 1

# 生氣沒有用，穩住心情往前行

遇挫折時，要調適壓力、沉澱自己，再出發

網球國手詹詠然小姐曾經告訴我，在國際網球比賽中，贏球當然很開心、輸球心裡會難過，可是有時還要趕下一場比賽，或是趕交通工具，到不同的場地或城市比賽……

可是，明明時間很急迫了，大會卻又臨時通知要「驗尿」，看看是否有吃禁藥？

有時輸了球，心情已經很不舒服了，還要去驗尿，而且不能不去！唉……真是好煩喔！

好吧，趕快拿尿杯、尿管去裝尿。尿好了，時間也很緊急了，只好快步地跑，把尿管拿到檢驗單位。

可是，心情太趕、太急了，一不小心，人跌倒了，尿管掉到地上了，破掉了，尿也全都灑在地上了……

天啊，怎麼辦？氣死了！可是，「驗尿」這一關，又不能不去管它？

生氣，有沒有用？沒有用！

這時，只能沉澱自己的心情，深深吸一口氣，轉個念，告訴自己——「不能生氣，生氣沒有用，趕快再去喝一大罐水，等有尿意的時候，趕快再把尿尿出來，再將尿管拿去檢驗！」

真的，**人在碰到挫折時，火大、生氣、暴怒都沒有用，要懂得「自我溝通」、「調適壓力」，趕快轉念，沉澱自己、沉著心情，再穩健地往正確的方向前進啊！**

# 學會三隻手，你就是高手

主動出擊、熱情喝采，贏得友誼

在多次的演講會中，我常請問聽眾：「一個人有幾隻手？」

大家都會說：「兩隻手！」

但我說：「不是，一個人不是只有兩隻手，而是三隻手！」

為什麼呢？「因為，從小我們唸書時，老師常會問，有沒有問題？要不要參加××比賽？……我們就要勇敢地『舉手』！」

「同時，我們在遇到老朋友、新朋友時，我們就要開心、歡喜地，伸出手跟對方『握手』；主動握手，就能贏得友誼，增進人緣與人脈。」

「而當我們的朋友、家人、同事，有很好的表現時，我們要很主動、歡喜地為他們『拍手』，為對方讚賞、喝采……」

- 「舉手」，是勇敢、自信、渴望與主動參與的表現。只要勇敢舉手，就會有很多機會降臨。「機會，就會在行動裡」，不是嗎？
- 「握手」，是結交朋友、友善他人、增加人緣的表現。在人際溝通中，主動出擊、主動釋出善意，是很重要的；主動伸出手，與對方熱情握手，我們就能贏得更多友誼。
- 「拍手」，是為他人喝采、鼓勵、增添信心的表現。經常為人拍手、鼓掌、打氣，一定是個「鼓勵高手」，也一定會大受歡迎。

# 柔軟低頭，才不會撞到頭

退一步，
才能跳得更高、更遠

美國大政治家、也是科學家富蘭克林，年輕時曾經去拜訪一位長輩。但當他一腳跨入長輩家大門時，由於大門太低，所以富蘭克林的頭不小心撞到了門頂，痛得他哇哇大叫、頭冒金星。

此時，那位長輩對富蘭克林說：「你是不是很痛？……沒關係，這就是你今天來看我的最大收穫！」

那長輩幫富蘭克林撫一撫頭，也對他說：「你若要在這個世界上，生活得平安、快樂和順利，你就必須『常低頭』，才不會『撞到頭』！」

富蘭克林聽了這句話之後，就銘記在心，從此待人謙虛有禮、謙沖為懷，凡事身段柔軟，也堅守「誠信」原則，最後成為美國歷史上評價甚高的政治家。

的確，「一個人，常低頭，才不會撞到頭！」

不柔軟、不低頭、不彎腰，只有高高在上，趾高氣昂，都是別人的錯，從來不道歉，怎麼會有人緣，受人歡迎呢？

若家庭發生衝突，有錯的一方就要懂得柔軟、低頭，勇敢道歉，甚至說出「對不起」。只要有一方願意低頭道歉，衝突、不愉快就能化解於無形啊！古代布袋和尚寫了一首詩：

**手把青秧插滿田，低頭便見水中天；**
**身心清靜方為道，退步原來是向前。**

**柔軟、低頭，才能看見稻田中的一片藍天。退一步，才能跳得更高、更遠啊！**

# 脾氣來了，福氣就沒有了

**用溫柔美善的心，對待我們最親愛的家人**

有一次，我應邀在一個婦女團體演講。演講結束前，有一位年約七十歲的老媽媽上台，她拿著麥克風，就對我說：「戴教授，我對你，真是相見恨晚啊……我多麼希望能早點聽到你的演講……」

老媽媽臉上滿是愁容地說：「大家都知道，我是×××的媽媽（此時，老媽媽說出了一女藝人的名字，這女藝人大家都認識）……」

這老媽媽說：「我和我先生為了教養孩子的方式，經常吵架，我對孩子比較嚴厲，我先生總是叫我不要這麼兇、不要這麼嚴厲對待孩子……我和我先生，每天爭吵，吵個不停，吵了四十年……現在我先生離開人世了……」

此時，老媽媽一直哽咽著，眼淚也掉了下來；她眼睛緊閉著，不敢直視台下聽眾，只是低側著臉，對我說：「戴教授，我如果能早點聽到你的演講就好了，我真的錯了……就像您所說，『脾氣來了，福氣就走了』，要溫柔善待孩子……」

◎

演講結束後，我才從其他會員口中得知，這老媽媽教育孩子的方式很嚴厲，以致於孩子們都很怕她，都疏遠她，甚至和她保持距離，不太和她往來……

**我們都要學習控制自己易怒的脾氣、也控制自己衝動的舌頭；**
**我們要用一顆溫柔美善的心，來對待我們最親愛的家人和孩子啊！**

# 懂得輸，才能遇見幸福

懂得贏，也要懂得輸

有一位八十歲的老先生，在慶祝生日大壽時，親朋好友問他：「張爺爺，您這麼高壽和美滿婚姻的秘訣是什麼？」

張老爺爺說：「就是要保持愉快的心啊……我在結婚之後，就與太太約法三章——在生活之中，若有爭吵，誰比較理虧，誰就要閉嘴，自己要到院子裡散步……這麼多年來，你知道嗎，都是我自己到院子裡去散步！」

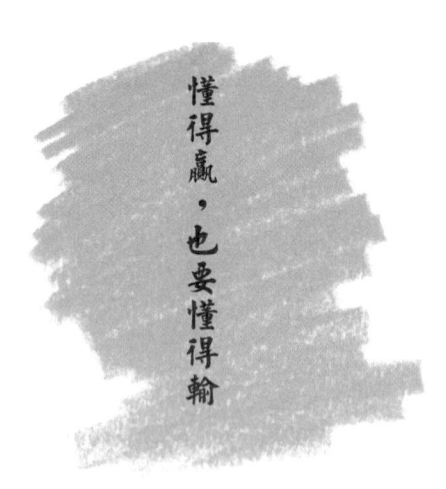

這，就是高壽和美滿婚姻的秘訣。

◎

「忍」字——是心上即使有一把刀，還是要吞下來。

「侶」字——是兩個口；一大口、一小口；一大聲、一小聲，雙方才能相安無事。

「我」字——左邊是「手」，右邊是「戈」；每個人都手拿刀戈來自我防衛，誰侵犯我、誰批評我、誰惹怒我，我就要拿刀戈反擊。

然而，**「懂得贏，也要懂得輸」**呀！

每次在口舌上爭得上風的人，不一定是贏啊！

**每次都「贏」，都在舌頭上講贏對方，實際上，可能是「輸」啊！**

相反地，**只要懂得愛，懂得「輸給對方」、「製造對方贏的機會」，**

**我們才能真正贏得雙方的情感與友誼啊！**

# 用關懷的心，多看到別人的好

## 每個人，都有「不得已、不方便」的時候

年輕時，我在大學任教。一天中午，我約了一位從小認識的女生見面、吃飯。

這女生在一國中擔任老師，已婚。我們約 12:30，在她的校門口見面。那天，交通壅塞，我開車遲到，12:45 才抵達校門口。我在校門口等到下午一點，她還是沒有出現。當時沒手機，我一直等到 13:30，等不到人，我就開車回去了。

我想，是她失約，她應該打電話來道歉才是。可是，一星期、二星期……她一直沒有打電話來跟我道歉。

過了兩個多星期，她終於打電話來了，笑嘻嘻地說：「戴哥，很不好意思，那天我們約見面吃飯，我失約了……那天中午，我 12:15 就在校門口等你，等到 12:40，你還沒有來；那時，我覺得身體很不舒服，我就搭計程車回家休息了！」

電話中，她又跟我說：「回家後，我發現，我流產了……」

聽到「流產」兩個字，我傻眼了，我愣住了！我沒想到，我恨她吃飯失約，恨了兩個星期，原因竟然是她流產了……而且，是我自己先遲到 15 分鐘，她才返家休息。

電話中，我十分羞愧，趕緊對她致歉！

後來，我反省到——**每個人都有「不得已、不方便」的時候，我們都必須有同理心，主動去關心、關懷別人，也看到別人的好，才不會造成對別人的誤解啊！**

12
9
3

# 要拚，就拚誰先放下

**忍住怒氣，別讓小火苗變成熊熊大火**

有一對六十多歲的夫妻，生活一直美滿和諧，很少爭吵；有人就問老奶奶：「王老奶奶，您如何維持這麼美好的婚姻啊？夫妻要能不吵架，很難耶！」

此時，只見王老奶奶拉出了抽屜，裡面有兩個可愛的「中國結娃娃，和一本存摺」。

王老奶奶說：「在結婚時，我娘就告訴我，夫妻最好別動怒、大聲吵架；如果妳覺得心裡有委屈的話，妳就要忍住氣，靜下心來，自己安靜地打個『中國結娃娃』……」

一旁的王老先生喜形於色地說：「太好了，你看，我的脾氣多好，這麼久以來，你只有打兩個中國結娃娃，表示我這個人很好，都不會惹妳生氣！」

「是啊，就只有兩個中國結娃娃呀……」王老奶奶邊說邊拿起抽屜裡的那本存摺，說道：「你可知道，這本存摺裡有九十多萬元，都是我平常賣掉小中國結娃娃，慢慢積攢來的啊……」

◎

**「跟自己最親近的人，要拚什麼輸贏？**

**要拚，就拚誰先放下，才能遇見幸福！」**

一個人要「懂得低頭、柔軟」、「懂得忍住怒氣、打中國結娃娃消氣」，才不會讓雙方剛衝突的小火苗，變成熊熊大火呀！

# 說話，是有力量與溫度的

**主動稱讚，就會有好運發生在我們身上**

有一次，我收到一份小眾刊物，發現內容、編排、標題、印刷都很不錯，而主編是一位鄭小姐，名字有點熟悉。

於是，我按照刊物上的電話，主動打電話給她：「鄭主編，我是戴晨志……我對妳的名字有點眼熟，我們是不是在哪裡見過面？」

「喔，您是戴老師？……對對對，大概十年前，我們在一場座談會見過面……」鄭主編開心地說。

「鄭小姐，我看了妳主編的刊物，妳真的很用心、很認真，編得很棒……故事內容都很好看、很感人，標題也很吸引人，紙張、印刷也很漂亮……」

鄭主編聽我這麼一講，愣了一下，跟我說：「戴老師，我編這個雜誌已經五年了，您是第一個打電話來稱讚我、肯定我、鼓勵我的人，真是讓我太感動了！」

後來，鄭主編和我聊了一陣之後，忽然對我說：「戴老師，我這裡剛好有一筆經費，我可不可以一次購買您一千本書，我們基金會有需要……」

我一聽，天哪，一次購買我一千本書？這個數量可能是放在十家書店，一、兩年都賣不掉的啊！

**「說話，是有力量的；語言，是有溫度的。」**

**只要「主動溝通、主動稱讚、主動說出肯定與讚美」，就一定會有好運發生在我們身上啊！**

# 珍惜每一次相遇的機會

相逢，自是有緣；
給人歡喜，給人方便

多年前，孩子小的時候，需要打預防針；我開車載太太和孩子一起到某大醫院，施打預防針。由於車位難找，我叫太太先帶孩子下車，先去排隊、等待打針，我再慢慢找停車位。

停好車之後，我記起太太叮嚀我：「公共衛生室很難找喔」，所以我就到服務處詢問一櫃台小姐：「請問公共衛生室在哪裡？」

那小姐面無表情、也不太耐煩地說：「牆上有標示，你不會自己看啊！」

我，悻悻然地離開。

後來，我看到一位義工媽媽，就問她；沒想到這義工媽媽笑笑說：「我們公共衛生室真的很難找喔，來，我帶你去！你跟我來……」

年紀漸長，我真的體會、領悟到——**「要珍惜每一次相遇的機會！」**

**「相逢，自是有緣；同車、同船也是緣。」**

每一次的相遇，心情會不會開心、會不會有良緣，都在我們的心境與說話的「一念之間」。

假如，我們的口氣是歡喜、溫暖的，也能「給人歡喜、給人方便」，那麼雙方就會「結善緣」。

「珍惜每一次相遇的機會」、「多看到別人的需要，給人歡喜、給人方便」；同時，也用溫暖、和藹的口氣來說話，我們的人緣就會越來越好，每天也會越來越快樂！

# 將心比心、角色互換，溝通會更美好

多站在對方的立場設想，就會減少衝突

在演講會中，有時我會伸出我的左手掌，詢問現場聽眾：「請問大家，現在你看到什麼？」

有人說：「看到五根手指頭不一樣長。」「看到老師的手，很白。」「看到 give me five。」

現場聽眾的答案很多——「看到拒絕，說不！」「看到交通警察說——禁止通行。」「看到……打招呼，說哈囉……」

的確，一個左手掌，大家看到的意象、答案就有很多，也不一樣。

我說：「大家看到的是我的『手心』，對不對？……可是，我看到的是什麼？」

「手背！」現場聽眾齊聲地說。

是的，同樣一個手掌，你看到的是「手心」，我看到的是「手背」……所以，我們都是站在誰的角度來看事情啊？

「自己的角度！」聽眾大聲地說。

真的，我們都是站在「自己的角度」來看事情，來論斷別人，比較少站在「對方的角度」，來體會對方的感受。所以，能夠「將心比心、善解人意」，叫「同理心」。

也因此，**在溝通不良時，不妨——「換個角度、角色互換」，站在對方的立場想一想，他為什麼會這麼生氣？如果，我是他的話，會怎麼處理？我會怎麼說？……一個人若懂得「將心比心、角色互換」，也多看到對方的好，溝通將會更美好。**

# 一杯木瓜牛奶的故事

「醜陋的散逸效果」，讓人逃之夭夭

年輕時，曾與一女孩交往過。這女孩很有才華與才藝，在學校的表現也十分亮眼。

一天晚上，我們到一家冰果室，她點了一大杯木瓜牛奶。老闆娘送來木瓜牛奶後，這女孩用吸管吸了一口之後，很不高興！她認為，這木瓜牛奶的木瓜味道不夠濃。

於是，她執意把老闆娘叫了過來，問她：「為什麼這木瓜牛奶，沒什麼木瓜的味道？」

老闆娘一聽，馬上道歉說：「不好意思，最近颱風剛過，木瓜缺貨，木瓜放得比較少，很抱歉……」

我對老闆娘說，沒事，請她回去。可是，這女孩還是很不高興。後來，這女孩用吸管，吸了一大口木瓜牛奶，然後再把滿口的木瓜牛奶，順著吸管，吐到整個桌面上……

我一看，天哪，怎麼會有這種事情？……桌面上，一大片都是木瓜牛奶！真是令人太難過了。

此時，我從褲袋中，掏出手帕，用手帕將所有木瓜牛奶吸滿、吸飽，再將這一坨溼答答的手帕，放進我的褲袋。

看到這一幕，我很不安，也很沒臉；我沒講一句話，只靜靜地起身，離開桌子、也離開這女孩，獨自走開了……

心理學中，有所謂的「醜陋的散逸效果」。如果我們的說話舉止不雅或不當，旁人就會感受到不安、不舒服，甚至是丟臉，就會想趕快逃之夭夭！

相反地，**若我們的言談舉止是高雅、令人歡喜的，那麼，就會產生「美麗的散逸效果」，大家都會爭相與我們在一起，與有榮焉啊！**

# 人際溝通的「交換理論」

## 多給對方「正面的交換與回饋」

年輕時，認識了一女孩。一天，這女孩得了急性盲腸炎，住到醫院。得知消息後，我趕到醫院去探望她。

我在醫院附近街角，買了一束玫瑰花。我相信，她應該會很喜歡。

沒想到，進入病房之後，這女孩看到這束玫瑰花，皺著眉頭，表情很不高興。

您猜，為什麼？您一定猜不出來！

這女孩說：「以前，我們生物老師說，植物在晚上會吐二氧化碳……對病人不好！」

我一聽，天哪，怎麼會有這種事？……我好心好意送花給妳，妳居然跟我說，花在晚上「會吐二氧化碳」……

後來，兩人講了不到十分鐘的話，我就說，我有事，我要先走了！臨走的時候，我就把花一起帶走。為什麼？因為它會吐二氧化碳啊！

◎

心理學上有所謂的「交換理論」，意即，人在溝通時，都是彼此在交換的；如果你給對方的付出是正面的，但對方給你的回饋卻是負面的，那麼，人的心情就會覺得很不高興、不舒服。

所以，**在人際溝通時，我們都要給對方「正面的交換與回饋」。**

**多給對方讚美、感謝、肯定與微笑，就是「正面的交換」，而且一定會減少摩擦，也會增進雙方更美好的情誼。**

# 別只要求別人，忘了要求自己

謙卑自己、提升自己，也看到別人的好

有一位男士已超過適婚年齡，但一直沒機會找到合適的女朋友。後來，他在「婚姻介紹所」裡付了一筆錢，看能不能找到「速配」的女朋友？

在交了錢後，這男士進入了一房間，裡面有兩個門讓他選；第一個門上寫著「年輕貌美」，第二個門上寫著「面貌平庸」。這男士本能反應地推開「年輕貌美」的門，走進去了。

進入之後，這男士發現，裡面又還有兩個門；第一個門上寫著「手藝奇佳」，第二個門上寫著「手藝尚可」。不用想了，這男士又推開「手藝奇佳」的門走了進去。

進去之後，這男士發現，裡面又還有兩個門；第一個門上寫著：「嫁妝可觀」，第二個門上寫著「嫁妝微薄」。這男士很自然地推開「嫁妝可觀」的門，興奮地走了進去。

走進去之後，這男士發現，沒有門了！這房間裡只有一個大鏡子，鏡子上寫著——「要求太多！豬八戒，照鏡子，看看你自己長什麼模樣？」

◎

哈，人常常要求別人，比較少要求自己！交女朋友時，要「年輕貌美」、要「手藝奇佳」，還要「嫁妝可觀」，卻不想想看，自己的條件如何？夠資格嗎？

其實，**當我們選擇別人時，別人也在選擇我們！**

**當我們批評別人時，別人也在批評我們！**

# 肯定自己、欣賞自己、看到別人

別忘了，別人隨時在給我們打分數啊！

曾有一名男士，年紀不小了，很晚婚。

而在他好不容易要結婚之前，就去拜訪岳父，也請教岳父說：「張伯伯，再過幾天，我就要跟曉玲結婚了，不知道張伯伯對我，有沒有什麼忠告？」

「忠告？……不敢哪，不敢哪，我怎麼會有什麼忠告？」岳父很客氣地說道。

但是岳父想了一想後說道：「不過，我只想提醒你一下，再過幾天，你跟我們家曉玲結婚之後，麻煩你不要常常罵她、批評她……譬如說，罵她、指責她『脾氣不好、個性不好！』」

這岳父繼續說道：「我們家曉玲啊，從小就是脾氣不好、個性不好，所以才會沒辦法找到更理想的丈夫！」

◎

哈，當我們在批評別人「脾氣不好、個性不好」時，可能我們自己的脾氣和個性也不太好呀！

當我們在評價別人時，別人也在評價我們啊！

當我們在給別人打分數時，別人也在對我們打分數啊！

**我喜歡一句話——「肯定自己、欣賞自己、看到別人！」**

**的確，在我們肯定自己、欣賞自己之時，也要「看到別人」——看到別人的好，也看到別人的優點和付出。**

# 家人也要道歉，才能和樂融融

「先低頭、先認錯」，溝通就能圓融美滿

在一個風景美麗的山上，有個古色古香的甲寺廟，但這寺廟的和尚們經常鬥嘴、不和睦。另一個乙寺廟，面積雖小，景色不佳，但寺廟中的和尚都笑口常開、一團和氣。

一天，甲廟的住持就前往乙廟，向遇到的小和尚問道：「為什麼你們都笑臉迎人、和睦相處？」

小和尚俏皮地說：「因為，我們都經常做錯事！」

「啊？……經常做錯事？」甲廟住持滿臉疑惑。

此時，有個和尚走了過來，滑了一跤，正在拖地的小和尚立刻跑過去把他扶起，並道歉說：「對不起，都是我的錯，是我把地擦得太濕了！」

站在門口的一和尚也跑進來說：「對不起，都是我的錯，地濕濕的，我忘了在門口放警告標誌……」

被攙扶起來的和尚，則是愧疚地說：「不，不，是我自己的錯，是我自己太匆忙，沒仔細看地板走路。」

甲廟的住持，目睹了「大家爭相認錯」的這一幕，深受感動，心中也獲得他所要的答案。

曾聽到有一家人經常不合，甚至哥哥說：「大家都是一家人，為什麼還要道歉？」

看到這則「經常坦承做錯事、經常道歉的小和尚」的故事，我更加確信——**「只要願意主動低頭、主動道歉，一定能化解危機；家庭也才能和樂融融、和睦相處！」**

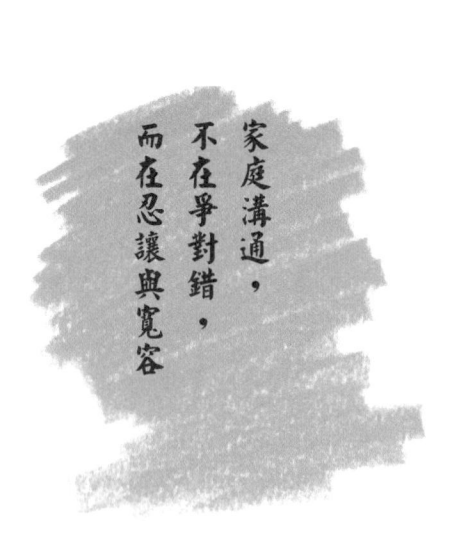

# 溫馨的好話，讓人永遠懷念

家庭溝通，不在爭對錯，而在忍讓與寬容

有一位五十多歲的婦人說，她在年輕剛結婚時，不太會煮飯、做菜。一天，她在做晚飯時，把一鍋飯煮糊了，糊成一團，很軟、很糊、很難吃，自己都覺得不好意思；可是她婆婆吃了之後說：「我牙齒不好，這樣軟軟、糊糊的飯最好吃！」

幾天後，這媳婦又煮了一鍋飯，沒想到水放得太少了，米飯煮成硬硬的，很難下嚥。可是，婆婆又笑笑地說：「妳公公最喜歡吃這樣硬硬的飯了。」

這媳婦一聽，心裡真是感動——婆婆竟是這麼善解人意，常常說好話，也從來不指責她、責備她，使她始終感激在心裡！

**「話語」，無色、無形、無味，但有些人一說出口，就像是「滿室飄香」一樣，讓人感恩、感謝、歡喜，永遠懷念在心裡！**

可是，有些人的話一說出口，則令人「咬牙切齒、恨之入骨」；所以夫妻、情侶之間，或溝通不良的人，會大吵一架、大打出手，甚至憤怒地把對方毀容、殺掉。

《聖經》上說：**「溫柔回答，使怒氣消退。」**

我們都可以學習——多說好話、溫暖的話，少說惡毒、嘲諷、刺傷人的話！

畢竟，夫妻之間、家人之間的溝通，不在「講理」、「爭論對錯」，而是在講求「諒解、忍讓、寬容、和諧」啊！

# 人際溝通「四轉」

懂得圓融溝通，
則萬事亨通

女兒要考大學了，她每週主動寫一篇作文給我批改。

這周，她寫的題目是「轉」。

她寫得很不錯，不過，我再提供「四轉」，給她參考。這「溝通四轉」，也是我以前自己想的——

一、**轉念：**在有衝突、生氣時，要轉個念頭，想想對方的好，不要一

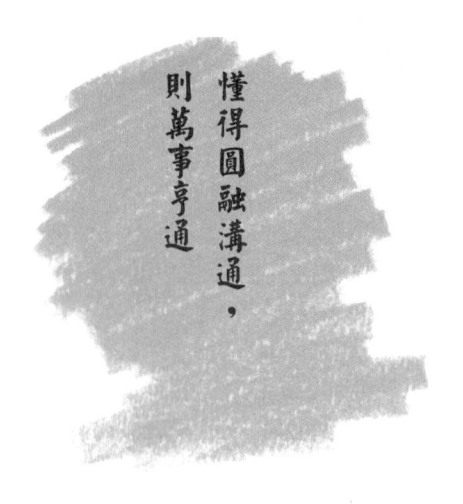

直盯看著對方的不好。多想對方的優點，不要一直看他的缺點。

二、**轉調：**在衝突、生氣時，雙方的音調經常是高亢、激動的；要盡量降低音調，不要讓音調越來越高，以免氣氛越來越火爆。

三、**轉身：**在兩造語言衝突時，要適時減緩火爆的氣氛，試圖化解歧見與僵局，別讓憤怒的氣氛繼續燃爆。此時，轉個身，去泡個茶、咖啡、喝個水，或休息一下，或過一陣子，或改天再來溝通。

四、**轉進：**當雙方心情沉澱下來、不再火爆時，找個好的機會、好的氣氛，或有好的中間人、好朋友在場，化解雙方的歧見與不愉快，讓雙方的關係得以轉進。

**「轉念、轉調、轉身、轉進」，這四轉，讓我們心情自省、沉澱、不火爆，也多看別人的好，也讓我們的人際溝通更圓融、更美好。**

少點抱怨，多些感謝與付出

# 為另一半擠好「愛的牙膏」

曾經看過一位太太寫的文章——結婚當夜，她因卸「新娘妝」比較費時，老公就先進入浴室洗澡。當她稍後進入浴室洗澡時，發現老公已經為她在牙刷上，擠好「適量的牙膏」。

而當他們在蜜月旅行時，無論誰先沐浴盥洗，他們夫妻都延續這個習慣——「為另一半擠好牙膏」。

如今，這對夫妻已經結婚六年了，也有兩個小孩，可是「為對方擠好牙膏」的習慣，從未間斷。這位太太說，每次看到先生為她擠好牙膏，心頭上就洋溢無限的溫馨與幸福！

◎

看了這篇文章，我真是感動。

我們常挑剔另一半，也常只看到另一半的缺點，但卻很少真心為她（他）擠一個「愛的牙膏」啊！

其實，並不是每個人都要「為對方擠好牙膏」，**只是一個真心付出的小動作，常會讓對方感受到溫暖與幸福。**

很多人，只想轟轟烈烈地「談戀愛」，卻「不懂得愛」——學習「多傾聽、多退讓、多主動、多關懷」。

**只要能「少點抱怨、多些感謝、多些付出」，則甜蜜的感情，將永遠常在啊！**

# 冷水會傷人，不能隨便亂潑

少說揶揄、挖苦人的話，免得傷害別人

有一個身材苗條的小姐生氣地說，朋友問她：「妳身材保持這麼棒、腰這麼纖細、臉這麼細嫩、這麼漂亮，妳是在哪一家做的？……一定花了不少錢吧！」

也有一位太太從照相館拿回照片，正在嫌攝影師技術不好、拍得不好看時，在旁的老公卻說：「拜託，人家已經盡力了，妳不要一直怪人家好不好？……妳怎麼能夠要求人家把妳拍成一個『大美女』呢？」

唉，有些人說話，就是「喜歡揶揄、挖苦別人」，或是習慣性地潑冷水，卻不知道「冷水會傷人，不能隨便亂潑」呀！

在溝通當中，戲謔、挖苦、嘲諷的話，都會使別人聽了很不舒服，也覺得很掃興。

或許有人覺得，只是開玩笑罷了，何必當真？可是，不是每個人都可以接受得起玩笑啊！

**所以，我們「寧可多說讚美的話，少說挖苦、揶揄的話」，免得傷到別人、得罪別人而不自知。**

不過，如果別人說了一些我們不高興的話時，我們只能學習放下，輕鬆看待，不要耿耿於懷，何必跟他斤斤計較、一般見識？

**因為，「不要去教一隻豬唱歌，不然，你會很生氣，而且，豬也會很生氣！」**

# 聽我們說話的人，不一定聽我們的話

別用「負面、否定的話」來批評對方

有一對夫妻，經常吵架，先生覺得受不了了，想要離婚，就到法院訴求離婚。

法官問：「你們兩個人年紀都這麼大了，幹嘛還要鬧離婚？」

先生很生氣地對法官說：「法官，你不知道，我這個老婆……每天都跟我唱反調！」

在旁的老婆一聽，大聲地說：「你才跟我唱反調咧！」

先生看太太這麼不可理喻，回罵說：「妳神經病啊？」

太太說：「你才神經病咧！」

先生越聽越氣，大聲罵道：「妳去死啦！」

太太說：「你才去死咧！」

在旁的法官聽了，吸一口氣，緩緩地說：「聽起來，你們兩個人的意見，還滿一致的嘛！」

哈，夫妻兩人「意見都很一致」，都習慣用「負面、否定」的話，來批評對方、論斷對方、激怒對方。

**其實，我們都不喜歡被人批評、被人否定，但有時卻不自覺地喜歡去批評別人、否定別人，來提高自己。**

**所以，「聽我們說話的人，不一定聽我們的話。」**

**如果，我們說話的口氣、態度不好，別人也會很不喜歡聽我們說話啊！**

# 幽默、開朗的心，比成績更重要

**腦袋中，要隨時準備一些幽默笑話**

現代的人，晚婚、不婚的人很多。我，也是晚婚的人，37歲才結婚。

當我任職大學系主任時，還未結婚，所以經常有學生問我：「主任，你怎麼還不結婚？」

這樣的問題，經常問，就會讓我覺得心很煩。

有一天，一個朋友也是一樣問我：「戴主任，你怎麼還不結婚？」

我說：「因為，我屁股長一個胎記。」

「啊？……你屁股長一個胎記？……這跟你不結婚有什麼關係？」朋友不解地問。

我說：「是啊，那我不結婚，跟你有什麼關係？」

很多人，就是喜歡去問人家，「怎麼不趕快結婚？」套一句粗俗話說——「關你屁事」，哈！

◎

現在，我的孩子也唸大學了，我也步入中年了。在演講台上，每當我講這個故事、笑話時，台下的聽眾，都會聽得哄堂大笑！

我覺得，**「樂觀、開朗、幽默、豁達的心，比成績更重要！」**

一個人，個性要樂觀、開朗，在溝通時懂得幽默、有人緣，比起只會讀死書，更受人歡迎！

所以，腦袋裡，要隨時準備好一些幽默笑話，也事先練習多次，以便在適當的場合，自然而然地說幽默笑話，一定會大受歡迎！

2H₂ +

H2O

# 多灑香水、少潑冷水、少吐苦水

別只會嘲諷批評、說風涼話

在演講會之後，有人曾對我說：「戴老師，你的演講好好、好棒噢，真的受益良多……」

這話聽在我耳裡，就感覺很溫暖、很開心。

可是，有時碰到好久不見的朋友，他就用很驚訝、誇張的口氣說：「戴老師，你怎麼胖這麼多，害我差一點認不出你來……」

唉，這話聽起來，真是很不舒服啊！

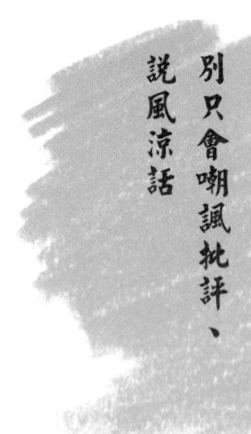

每個人都喜歡被讚美、聽好聽的話；所以在溝通、言談之中，多說一些肯定、稱讚、鼓勵的話，也多灑言語的香水，一定會增進雙方的情誼，也會大大受人歡迎。

最怕的是，有些人，不僅沒有鼓勵、讚美，卻只會「嘲諷、批評、說風涼話」，或是「扯人後腿、潑人冷水」，讓人聽起來很不舒服，甚至很討厭，很不想和這種人在一起，也列為「拒絕往來戶」。

至於「吐苦水」，每個人都會；因為，在心裡難過時，總需要有一個對象來傾吐。

可是，如果每天都在抱怨、埋怨，每天都在批評他人，或是大吐苦水、大發牢騷，則旁邊的人，恐怕也想趕快逃之夭夭啊！

所以，**人際溝通時，請記得這口訣——**

**「多灑香水、少潑冷水、少吐苦水。」**

# 罵人的話——要想著說
# 誇人的話——要搶著說

讚美之詞，可以「傳遞快樂、幫助別人」

那天，依琳的心情非常低潮，才被公司資遣不久，又跟男朋友鬧翻。她無主地在路上走著，聽到攤販大聲吆喝：「小姐，來買柳丁喔，今天的柳丁又大又甜，很漂亮哦！」

依琳走了過去，順手挑一挑，說道：「漂亮是漂亮，可是不知道好不好吃？」「當然好吃！像妳這麼好、這麼漂亮的小姐，我怎麼會騙妳？」攤販說。

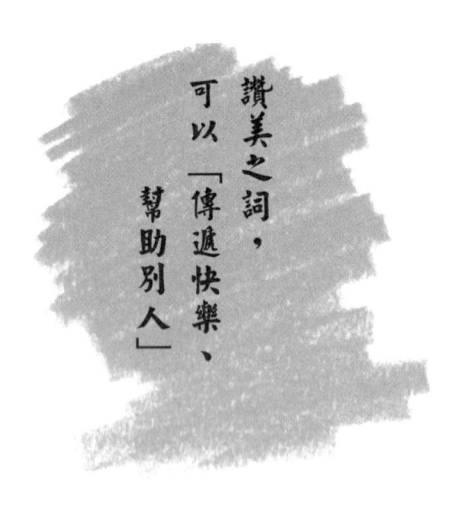

天哪，這句話好像一股暖流，從依琳身上流過。攤販老闆啊，你怎麼這麼好，懂得「肯定我的優點，還說我漂亮」。依琳一邊開心地微笑，一邊挑柳丁，結帳時一秤，六斤。

「小姐，妳的車在哪裡？」「我沒有開車！」「沒開車？妳這麼漂亮的小姐要拎六斤的柳丁很重喔……來，我幫妳分成兩袋，用兩手拿，才不會變成兩手不一樣長！」攤販熱心地說。

依琳拎著六斤的柳丁，很重，但卻很開心……走著、走著，咦，前面大樓不是好友秀慧上班的地方嗎？依琳打個電話給她，也告知她已經離職的消息；此時，秀慧說，他們公司剛有一企劃出缺，很適合依琳去試試。

依琳好興奮喔！原本她的人生一片「昏暗茫然」，只因陌生攤販一句誇讚的話，讓她充滿溫暖與開心，也雀躍期待有更精彩的明天。

**「罵人的話——要想著說；**

**誇人的話——要搶著說。」**

**一句讚美之詞，可能使我們成為「傳遞快樂、幫助別人」的貴人哦！**

說話，
是沒有橡皮擦的

# 及時打住一句「不該說的話」

年輕時，我單身，在世新大學擔任口語傳播系主任。有熱心朋友幫我介紹女朋友，我說：「好啊！」

於是，我們相約在台大旁邊的教堂「懷恩堂」外見面。她是留美音樂碩士，喜歡唱歌，我也喜歡唱歌；她喜歡藝文，我也喜歡藝文，我們聊得滿開心的。

後來，我們要去餐廳吃飯，我開車載她一起去。我要進左邊駕駛座前，對她說：「×小姐，對不起，麻煩妳從右邊自己開車門進來……我從來沒有幫女孩子開車門的習慣……」

哇，這女孩一聽，臉馬上沉了下來，顯得很不高興的樣子。

我記得，以前唸藝專時，一位老師對我們說：「有些女孩子好奇怪哦，又沒有斷個手、斷個腳，為什麼一定要幫她開車門？」

所以，我就「秉持老師的教誨」，隨便開玩笑說了這句話，沒想到這女孩很不高興，吃飯的時候，也沒什麼開心表情。吃完飯後，送她回家，從此以後，再也沒見過第二次面。後來，我學習到——

**「在適當的時候，要說出一句漂亮的話！**

**也要在必要的時候，及時打住一句不該說的話。」**

「漂亮話」，不一定要是「真心話」。

「真心話」，若是會傷人，就不要說。

所以，古人說：「話到嘴邊留三分。」**說話，是沒有橡皮擦的。要及時打住一句「不該說的話」，才不會傷到別人，也才不會讓自己後悔啊！**

# 沒口德的人，就沒品德

傷害人的話，絕不要從我們的口中說出

有個朋友喉嚨不舒服，到醫院看醫生，可是醫生態度冷冰冰的，只顧在病歷上寫字，頭也懶得抬起來。

「嚴不嚴重？」朋友心急地問醫生：「會不會怎麼樣？」

「你放心啦，不是癌症，不會死的啦！」醫生還是冷冷地說著。

朋友聽了，氣得火冒三丈——幹嘛扯到癌症？幹嘛用這種口氣對病人講話？拜託你們做醫生的，有點「口德」好不好？

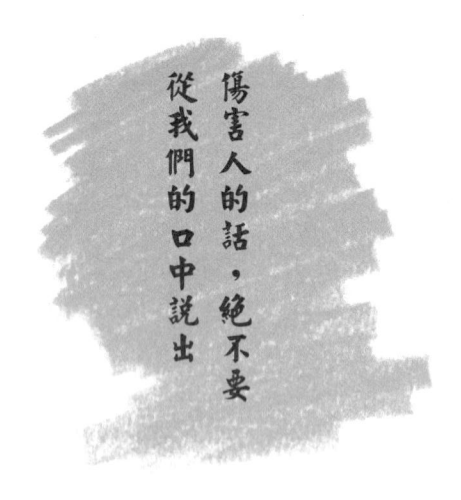

也曾有補習班主任在模擬考之後，大罵班上重考生：「你們這群豬啊，滿腦子大便，真是有夠笨！如果我像你們考這種爛成績，早就一頭撞死了！」

後來一學生寫張紙條給導師說：「真不知道這種口出惡言的班主任，到底能教給我們什麼？補習班也是一種教育啊，為什麼要把我們罵那麼難聽？」

導師看了，心裡十分難過，但也告訴學生：「當我們看到別人的錯誤時，給我們最大的啟示，就是期許自己——以後我們絕不能變成有這種缺點的人！」

愛默生說過：「用刀解剖侮辱性的字，它會流血。」

真的，聽到別人刺傷我們、沒口德或刻薄的話，我們的心真的會流血。也因此，**會讓「別人的心流血」的話，絕不要從我們的口中說出；因為，沒「口德」的人，就沒有「品德」啊！**

# 正向說話的力量，
# 助你充滿正能量

# CH 2

# 人生的四種貴人

以身作則當模範、
用智慧鼓舞別人

在一場社區大學的演講之後，一位六十多歲的老先生拿書來給我簽名，並笑笑地對我說：「戴老師，謝謝你，你是我生命中的貴人！」

「啊？我是你的貴人？……怎麼會呢？」我說。

「戴老師，你知道嗎，成為別人的貴人有四種可能的條件……」

「什麼條件？」我不解地問。

這老先生愉悅地對我說：

「第一，金錢幫助——用金錢去幫助需要幫助的人。
第二，職務調動——利用職權，去提拔自己的部屬。
第三，以身作則當模範——也就是身體力行，成為別人學習的典範。
第四，就像戴老師你，用智慧來啟發別人——給別人正面思考和啟示。」

哇，太棒了！這老先生的一席話，真是讓我受益良多。

此時，我對老先生說：「謝謝您，今天您就是我的貴人，讓我學習到很棒的人生智慧！」

**在生活中，我們都可以學習成為別人的貴人——**
**以身作則，成為別人的模範，**
**或主動幫助、鼓勵需要的人，也用智慧的話語，來啟發、鼓舞別人！**

# 來的，都是好的！

凡事感恩、感謝，
一切都是美好的安排

多年前，我曾應邀到澎湖馬公去演講。當天，搭乘的飛機延誤了，所以縣政府衛生局承辦人很緊張，怕我趕不上演講時間。

當我抵達馬公時，承辦人很著急地在機場等我，也對我說：「戴老師，對不起，時間快來不及了，我們派一輛車子來接你，希望你不要介意……」

我說：「沒關係，只要有車子坐就可以了！」

可是，當我走出機場一看，嚇我一跳！您猜，他們派什麼車子來接我？

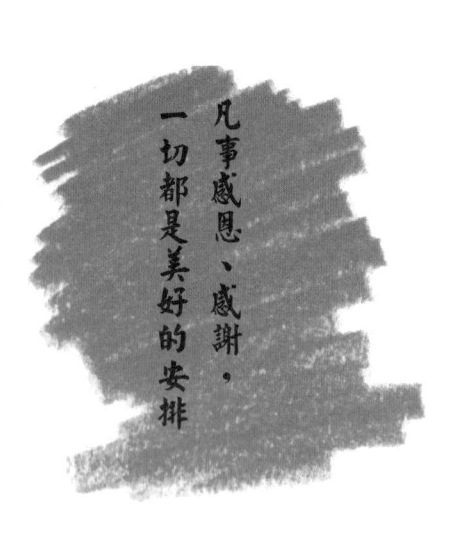

我走出機場一看，一輛「救護車」已經在門口待命了！

說真的，我這輩子，還沒有坐過救護車，所以一坐上救護車，心裡還有點毛毛的。不過，還好他們請我坐在前面，不是叫我「躺在後面」。

救護車跑得很快，沒有遇到什麼紅燈，一下子就到達演講會場了，沒有遲到。

後來，我想到——有救護車坐，已經很不錯了，萬一是環保局來接我的話，會派什麼車呢？……大概就是「垃圾車」了。

所以，**「凡事感恩、凡事感謝！」只要我們心存喜樂，那麼，「來的，都是好的！」**只要我們心念一轉，坐救護車去演講，也是一次很美好的經驗啊！

所以，每次的相逢，都是很美好的緣份。不管遇見老朋友、新朋友，我們都可以快樂地說：「你好，你好，看到你真好！」

# 愛就是行動，也是為別人所做的一切

能幫助別人，是快樂，也是福份

那是下雨天，我攔了一輛計程車，到一家公司演講。

計程車司機大概五十多歲。我問他，生意好不好？他說，景氣這麼差，什麼東西都漲價，生意怎麼會好？

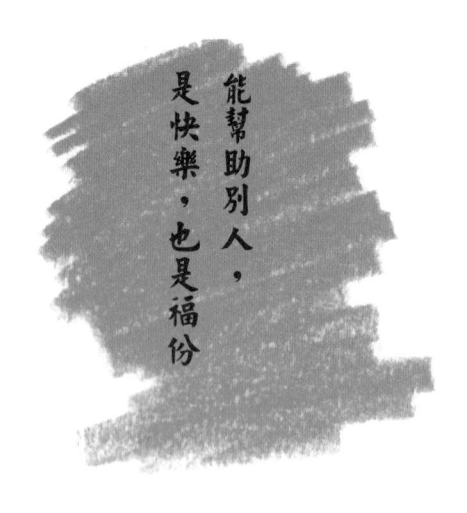

司機也問我，做哪一行？我說：「教書，也接一些演講。」

那家公司，距離不遠，快下車時，我摸摸口袋，心想……完了，這下真的完了……我鼓起勇氣，對司機說：「老哥，對不起，我忘了帶錢出來了……我出門前，沖個澡，換一套西裝，錢忘記帶了……」

司機轉過頭，看我一下。唉，真是尷尬！我又對司機說：「我絕對不是騙你的……你可以給我手機號碼，我也給你手機號碼，我先趕去演講，演講後，我一定和你聯絡，把錢還給你……」

司機又看我一眼，也看到我的焦慮。他說：「我相信你，你是真的忘了帶錢。沒關係，才一百二十元，你不用記我的手機，也不用還我錢……你趕快去演講吧，每個人都有忘記的時候……」

這司機堅持不給我手機號碼，只說：「外面下雨，走路要小心，一百二十元是小錢，你不用放在心上……」我的心，真是感動。

演講時，我告訴人家剛才遇到的「溫暖和感動」……

**「能為別人服務，是快樂，也是福份。」**

**「愛就是行動，也是為別人所做的一切。」**

# 付出真心與用心，你就是力量

用心待人，
你就是快樂天使

開車經過建國南路高架橋下的加油站，順便加個油。

「歡……迎……光……臨……」一個男服務生走了過來，他頭頸上吊掛著大白巾、肱著左手，應該是左手受傷了。

「請問……加……加什麼油？」他講話緩慢，而且有些大舌頭。

「九五加滿。」我說。

我看著這大男生，用右手轉開油蓋，再慢慢拿起油槍，放進加油孔。

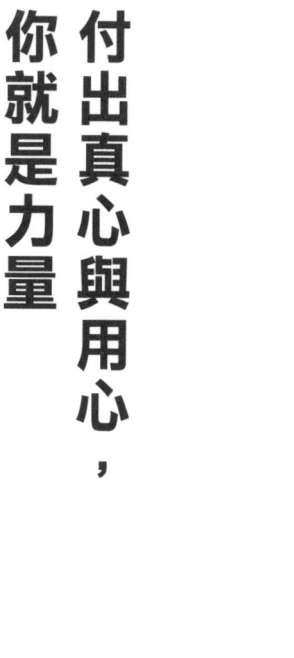

他又問我：「請問……要刷卡……還是付現？」我沒講話，只把信用卡和統一編號拿給他。

油加滿了，這左手肱著、頭頸吊掛白巾的大男生，用右手把帳單拿給我簽名，再把發票和信用卡還給我。

加完油了，我發動引擎、要離開時，這大男生低側著頭、靠近我，我不知道他想幹什麼？

此時，他用有點漏風的舌頭，遲緩地對我說：「先生……你車上……有沒有垃圾……你拿給我……我可以……幫你拿去……丟掉……」

我一聽，愣了一下，像觸電一般，腦子空白了幾秒，才回過神來，笑笑對他說：「不用了，謝謝你！」

我踩著油門離開，眼眶也泛紅了起來。

大男生，謝謝你！我在國內外開車三十多年，加了無數次的油，但你的這句話，卻是我所聽過「最溫馨、最感動的一句話」。

因為，你是第一個主動說——「想幫我把車上的垃圾，拿去丟掉的人。」

# 愛就是在別人的需要上，看見自己的責任

豐富自我人生的美好法則，就是幫助別人

曾有一個基金會，每個月都收到一位朱小姐「兩千元」的捐款；這筆捐款雖然數量不多，但從未間斷過，持續了兩、三年。

一天，基金會義工打電話給朱小姐：「謝謝妳每個月都捐款給我們，歡迎妳有空過來我們基金會坐坐，或是，妳也可以到基金會來和我們一起擔任義工啊！」

「我……我不太方便耶！」朱小姐委婉地說。

「妳不用擔心，我們的基金會很單純，不談政治、只做慈善……」

「我……我的行動不方便啦！」朱小姐在電話中羞澀地說：「我……我是個盲人……看不見……行動不太方便……我沒唸什麼書，平常只能幫人家按摩……所以，我不能捐很多錢給你們……那一點點錢，希望能幫助更多需要幫助的人！」

霎時之間，義工小姐手握著電話筒，許久說不出話來，眼眶也溼紅了。

◎

人生雖然有許多苦痛、困頓，甚至悲慘、難熬，但仍有許多令人動容的「光明面」；也因這些美善、正面、陽光的態度，讓我們的社會更加美好。

因為——**「愛，就是在別人的需要上，看見自己的責任。」**

# 每個人身上，都帶著一個「看不見的訊號」

**眼光對視、真心對話，才有尊重**

年輕時，我在華視擔任電視記者。在一次部長主持的記者會後，部長與在場記者一一握手。

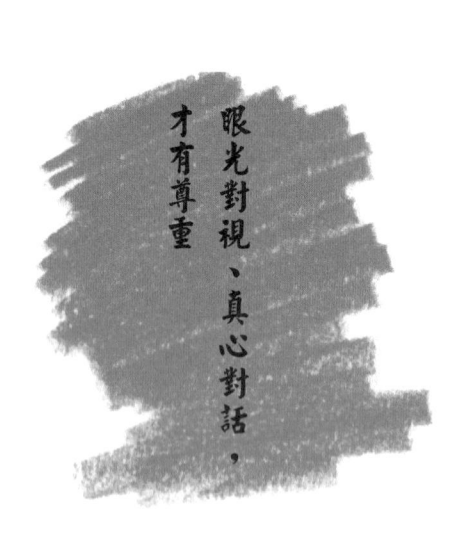

當時，我是新進記者，旁邊是友台知名的女記者；當部長走到我面前和我握手時，他的眼光卻是注視著我身旁的女記者，並熱絡地和她寒喧。

這時，我真覺得很失望、不舒服。部長啊，雖然我沒什麼知名度，但您主動來和我握手時，請您好歹也「看我一眼」，不要把我當「空氣」，好嗎？

心理學家告訴我們，「自尊」是人的基本需求，每個人都希望「被人看重、被人肯定」。假如，握手時，對方連看都不看一眼，那麼，這樣的握手，就沒有什麼真心誠意了。

所以，**「眼光對視、真心對話」**，才會使對方感受到尊重，人的「自尊需求」才能獲得滿足。

**其實，每個人身上，都帶著一個「看不見的訊號」，就是──「請你多看重我一下，好嗎？」**

我們身邊的家人、朋友、同事、學生、客戶……每個人都期待「多被看重、被肯定、被欣賞、被了解」。

所以，在我的演講會後的簽書會上，當讀者排隊拿書請我簽名時，我簽完名之後，我提醒自己──一定要雙手將書奉還給讀者，並且微笑地說聲「謝謝」！

因為，**「每個人都期待被看重，不喜歡被當成空氣啊！」**

堅定信念、快樂溝通、
歡喜過日子

# 把嘲笑當激勵，別在意別人的嘴巴

在一場演講分享時，我提到一個寓言——有一群青蛙，辦了一場比賽，看誰最快跳到小山丘上去？

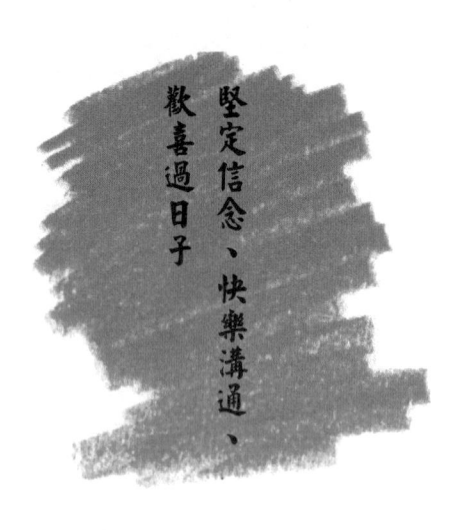

比賽一開始，青蛙們就努力地往前跳！大家一直用力地往前跳，都希望能拿到比賽冠軍。

其中，有一隻青蛙，更是頭也不回地、喘噓噓地努力向前跳，可是，旁邊的青蛙則一直嘲笑牠：「拜託，你長這麼肥、這麼醜，跳的姿勢這麼難看，你不可能得名的，你不要再跳了……」

不過，這隻胖胖、醜醜的青蛙還是不停地往前跳。這時，又有其他青蛙對牠說：「你真的跳得很慢、姿勢又很怪、很難看，你不可能得名的……」

但是，這隻被嘲笑、被瞧不起的青蛙，不管人家的嘲諷，還是堅持努力往前邁進。

最後，這隻胖、醜的青蛙，勇往直前，第一個跳到小山丘上，得到了冠軍！為什麼？因為，牠是一隻——「耳聾的青蛙」。

在職場上、在人際互動上，常會有人嘲笑我們、批評我們，或是惡意攻擊我們；但是，我們要看重自己，堅定信念，不懷憂喪志；我們要學習當一隻「耳聾的青蛙」，不要在意別人的嘴巴和舌頭，勇敢向前邁進。

同時，**我們也要「把嘲笑當激勵」，一起用正面思考，以及幽默、風趣和歡笑，來快樂溝通，也過著歡喜的日子喲！**

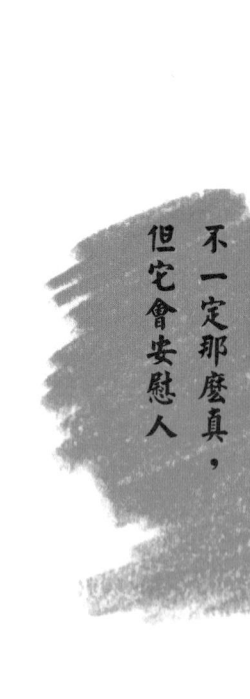

# 多說漂亮話，不會刺傷別人

漂亮話，
不一定那麼真，
但它會安慰人

曾經有一個女學生在學校電梯裡看到我，很興奮地對我說：「老師，昨天晚上我在電視上看到你耶，你講得好好哦！」

這女學生越說越高興，也當著電梯裡其他同學和老師的面，繼續說道：「戴老師，我覺得你在電視上好好看哦，比你本人還好看……真的，我不騙你！」

我一聽，氣死了，可是又不能當眾翻臉，只能在電梯裡當大家的面，對她笑著說：「謝謝！」

唉，有些話，能不講就不要講，沒人會把妳當啞巴啊！說話時，要說「漂亮話」，不必說太多「真心話」，尤其在那麼多人面前。

也有一女性友人遇見我，問我：「最近都在忙些什麼？」

我說：「慢跑、爬山、打羽毛球，減肥……」

沒想到，這女性友人說：「哎呀，沒關係啦，像你這種年紀，有小腹是很正常的啦！還有很多人比你更胖呢！」

我一聽，氣死了！妳真是豬頭耶！「你變瘦了！」這幾個簡單、又能安慰人的話，妳不會說啊！幹嘛說什麼：「還有很多人比我更胖！」

**人要學會說「漂亮話」，即使它不一定那麼真，但，它會安慰別人，不會刺傷別人啊！**

# 溫暖的話，永遠比刻薄的話，受人歡迎

「說什麼」很重要；
「不說什麼」更重要

一位新婚不久的太太，嬌滴滴地向先生問道：「老公啊，你是不是和我的感覺一樣，覺得我們是『相見恨晚』呢？」

老公說：「是啊，我真的感覺到我們是『相見恨晚』——恨當初我們初次相見時，為什麼是在那麼暗的晚上，害我沒有把妳看清楚！」

另有一位王先生，做小生意，賺錢不多，卻喜歡亂花錢、買古董、衣服、家具，王太太就用嘲諷的口吻說：「你以為你是郭台銘啊？也不看看自己

一個月賺多少錢，有什麼資格買這麼貴的東西？」

王先生不干示弱地說：「我是不太會賺錢，但還養得起妳這個吃閒飯的……妳看看，長得又矮又胖，衣服穿起來像穿布袋一樣……妳買再好的化妝品也沒用！」

古話說：**「舌者，殺人之利器也。」**

人常用狠毒的話，把對方刺得遍體鱗傷、啞口無言……但這也只是一種「假勝利」，因為你無法贏得對方的好感，甚至會失去原有的情誼。

所以，在說話、溝通時，「說什麼」很重要，但「不說什麼」更重要。

**「不說什麼」比「說什麼」，更需要智慧的拿捏與取捨。**

**多說溫暖的話，永遠比說尖酸刻薄的話，來得更受人歡迎。**

# 給人信心、給人希望、給人讚美、給人肯定

**正面的鼓勵，讓人更有信心與動力**

在當兵時，我在高雄鳳山衛武營接受預官新兵訓練。在受訓時，每週都有演講比賽。平常的我，話不多。但站到演講台上，我有興趣，所以主動報名參加。

我知道，這些參賽的預官，很多都是國立大學的高手，或大學演辯社的社長，而我只是藝專廣電科畢業，但，我相信，只要我參加，就是自我挑戰與鍛鍊。

我從初賽、複賽，到決賽，我都很認真地準備，然後，也都很幸運地拿到第一名。

在決賽結束、成績尚未公布之前，一位評審招呼我到會場一角，對我說：

「戴晨志，我在部隊擔任評審多年，但我很少看到一個預官，學歷不高、個子也不高，可是站在演講台上，卻能很從容、自信、帶著微笑，面對台下觀眾演講……你很棒、很有潛力，今天我給你第一名，你要好好加油，將來一定會很有成就……」

三十多年過去了，我不知道這位評審是誰？我只記得，他主動地給我打氣、給我鼓勵、給我讚美。

這段話，讓我一直牢記在心裡。也讓我深深覺得——「給」真的很重要。

**「給人信心、給人希望、給人讚美、給人肯定！」**

人們因著正面言語的「讚美與鼓勵」，就會更加有信心與動力，發揮自己的潛力，更激發自己內在的才華！

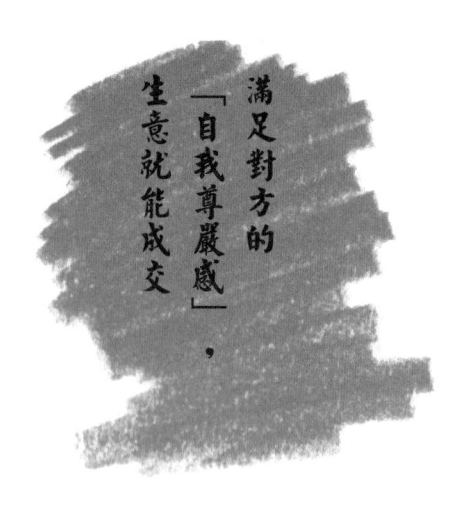

# 感動，是成交的開始！

滿足對方的「自我尊嚴感」，生意就能成交

玫琳凱化妝品公司已過世的創辦人玫琳凱女士，曾說過一則故事——她曾開了一輛老舊汽車，到某一家汽車展示中心去買車。業務員看她是個老太婆，開著老舊的車子，斷定她不會買車子，就隨便敷衍她，不久也把她打發走了。

後來，玫琳凱女士悻悻地來到了另一家更高價的 Mercury 汽車公司，業務員很熱情地接待她，並且也客氣地詢問她，為什麼今天特別想來看車子？

玫琳凱說，因為今天是她的生日，所以想買一部車子，來犒賞自己！

後來，業務員禮貌地說，他有點事，請求告退一分鐘，隨即回來，繼續和玫琳凱女士聊天……十五分鐘之後，花店小姐送來一打玫瑰；業務員就把這打玫瑰送給玫琳凱女士，並祝賀她「生日快樂」。

玫琳凱說，她真是太驚訝、太驚喜了！不用說，你一定可以猜想到，深受感動的玫琳凱，後來就買了遠超過她預算的 Mercury 轎車。

為什麼？因為那聰明的業務員看到，穿著樸素的玫琳凱女士身上，正散發著一個無形的訊號——「請你多看重我」「請讓我感覺自己很重要！」

每個人，都不想被看輕、被敷衍，都想被重視，被禮遇相待，不想被當空氣啊！

所以，**「感動，是成交的開始！」**

**只要滿足對方的「自我尊嚴感」，讓他心受感動，生意就能夠成交啊！**

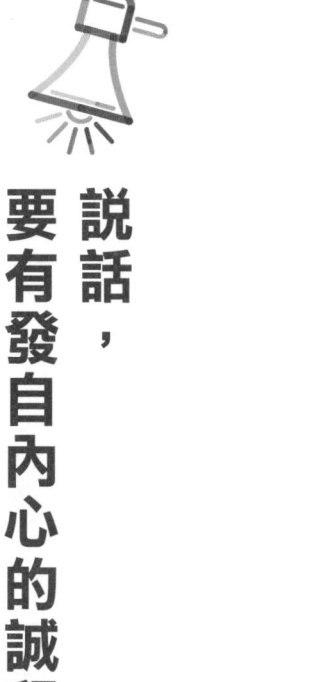

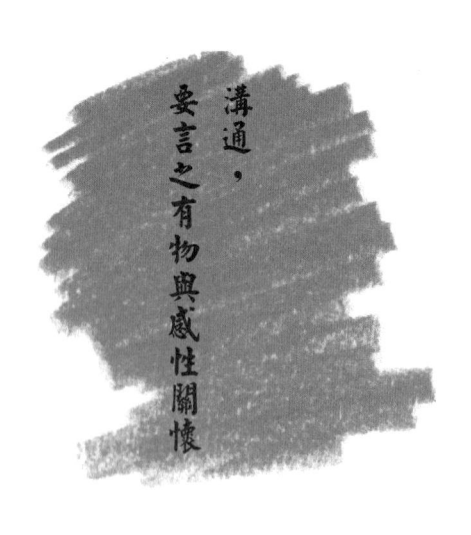

# 說話，要有發自內心的誠懇

溝通，要言之有物與感性關懷

有個牧師過世了，當天，也有一個公車司機往生了。牧師過世之後，就「下地獄」去了；可是，公車司機死掉後，就「升天堂」了！牧師下地獄後，就很生氣地對上帝埋怨說：「上帝啊，祢怎麼這麼不公平！我一生奉獻給你、奉獻給教會，每個星期都要探訪教友；而且，在做禮拜的時候，要唱詩、禱告、讀經，還要站在講台上證道，為什麼我最後下地獄？

你看看，人家公車司機，從不上教堂，也不讀經、不禱告、不做禮拜，開車的時候，『叭、叭、叭』橫衝直撞、撞來撞去，還撞死人，為什麼他就可以升天堂？」這時，上帝對牧師說：「你不要再抱怨了……你知道嗎？你每個星期在教堂做禮拜、證道時，每個教友都在『打瞌睡』啊！人家公車司機，開車『叭、叭、叭』撞來撞去，還撞死人，可是，所有乘客都在『禱告』啊！」

◎

哈，這個故事真有意思！原來，在做禮拜時，如果有教友在打瞌睡，牧師或神父死後是要「下地獄」的！

**人在說話、溝通時，都必須言之有物、有表情、有音調、有眼神、有關懷、有理性、有感性、有發自內心的誠懇……**

身為一名講師，當我們站在講台上說話時，如果聽眾在台下打瞌睡，都是我們當講師的錯啊！

# 態度對了，幸福就來了

自我建設、正向溝通，迎向美麗人生

大約17年前，傳神希望線執行長李志偉先生，送來一本書稿，希望我對這本書的書名提供意見。

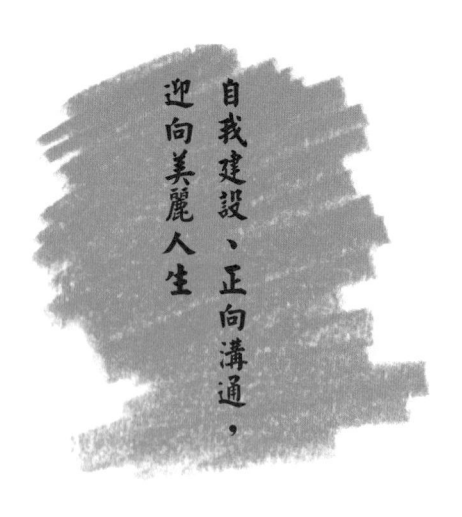

這本書的作者是瑞典女孩蓮娜・瑪麗亞。她一出生就沒有雙手，也只有一條腿是正常的，另一條腿只有長一半而已。但蓮娜・瑪麗亞天生樂觀，不因自己有缺陷而自卑，反而臉上充滿微笑、積極走出自己美好的人生。

蓮娜喜歡游泳，雖然她沒有雙手，但她能像魚兒一樣，在水中悠然自在地游泳，也曾先後四次拿到世界盃游泳比賽冠軍。

蓮娜也不斷挑戰自己，克服困難，學習用腳開車，並且在19歲拿到汽車駕照。後來，蓮娜穿著義肢，自己到市場買菜。當她卸下義肢時，用腳夾筆繪畫、用腳打毛線、用腳趾夾鏟子炒菜、用腳趾開罐頭……

而且，蓮娜喜歡唱歌，她就讀斯德哥爾摩音樂學院，後來更成為職業的巡迴演唱家。看了這麼多感人的畫面與故事，我與李志偉執行長一起決定，把這本書定名為——《用腳飛翔的女孩》。

在新書發表會上，我被安排坐在蓮娜・瑪麗亞的旁邊；當我致完詞之後，下意識地伸出右手，想和蓮娜握手，突然間，我才想起——蓮娜是沒有雙手的女孩啊！這時，我尷尬地把右手收回，她也對我熱情地微笑。

蓮娜曾多次來到台灣，用燦爛的笑臉、美妙動人的歌聲，在演唱會中鼓勵朋友們——**「絕不能灰心喪志，也不能自暴自棄，要用積極的態度，來面對受挫的人生。」**

**因為，「態度對了，幸福就來了！」不是嗎？**

# 有使命感，生活才有意義與快樂

有「使命感」，才會有「成就感」與「幸福感」

我天生會「反芻」，因我的食道賁門太鬆弛，所以吃下去的食物，隨時可以輕易地吐出來。也因此，胃酸長期侵蝕我的聲帶，造成聲音有沙啞的現象。

後來，醫師又認為，我有「胃疝氣」的問題，又有幽門太緊、消化不良的問題。於是，我住進了醫院，進行必要的手術。

在住院期間，看到主治醫師、住院醫師十分忙碌，但也每天到各個病房巡視，耐心地對病人說明病情，也給病人精神鼓勵、打氣……

而日夜24小時輪班的護理師，也是非常辛苦，不時來回穿梭各病房，態度親切和藹，也細心、用心地為病人量血壓、體溫、裝鼻胃管、打針、給藥、換藥……

真的，當醫師、醫療、護理人員真是很辛苦；這個病人開心、健康地出院了，可是，他們還是繼續堅守崗位，為下一個病人繼續服務，日以繼夜，日復一日……

因為，他們以身為醫療人員、為病人服務為榮、為傲，這也是他們的工作使命。在此，也為辛苦的醫療人員，致上最深的敬意與謝意！

我相信，**每個人在各行各業，都要「看好自己」，也要有「使命感」，才能讓自己活得有意義、活得快樂！**

**一個人有了「使命感」，才會有「成就感」，也才會有「幸福感」啊！**

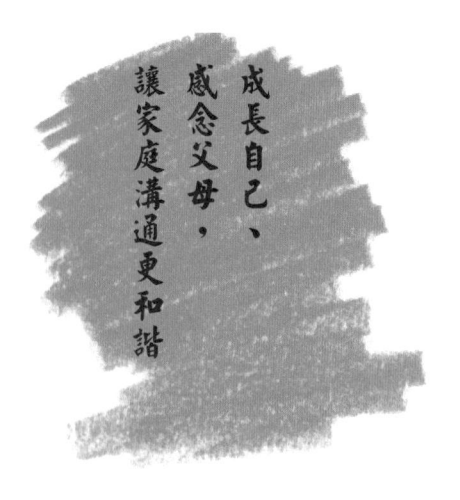

# 我們每個人，都是有使命的

**成長自己、感念父母，讓家庭溝通更和諧**

曾收到一封女讀者的來信，她在信中告訴我：

「戴老師，我爸爸、媽媽都是工人，家境不好，可是，我有一個很愛看書的媽媽；她每次到城市買東西，都會順便買您的書回來，給我們小朋友看。我媽總是鼓勵我們，多看您的書，所以，我家有好幾本您的書⋯⋯」

這女讀者又說：「我媽在前年12月1日，因肺癌而過世⋯⋯我寫這封信給您，是希望您能將親筆簽名寄給我，因我想拿您的親筆簽名，到媽媽的墳墓前，跟媽媽說，我已經拿到妳最喜歡的作家、戴晨志老師的親筆簽名了！」

看了這封信，我像被電到一樣，全身麻了一下，手也一直發抖……

我從沒看過一封讀者的信，讓我如此震撼、感動；這女孩竟要拿我的簽名，到媽媽的墳墓前，去謝謝媽媽，也告訴媽媽，她已經拿到我的親筆簽名了。

當我和朋友聊天，談到此事時，朋友對我說：「戴老師，你這輩子是有使命的！老天透過你的文章和演講，讓聽懂華語、看懂華文的人，都受到你的鼓勵與幫助……」

**其實，不是我有使命，而是——「我們每個人，都是有使命的！」**

我們都要讓自己更突破、更進步，家庭環境更好、家庭溝通更和諧，有一天也能幫助別人！

# 再累，也要和你聊聊天！

「先傾聽，再傾吐；要對話，別對立」

話語，它看不見，可是有些人話一說出口，就像「滿室飄香」一樣，那些溫馨的話，一直縈繞在耳際，散逸著美妙的香氣，讓人歡喜、開心。

可是有些人話一出口，則令人「咬牙切齒、恨之入骨」；所以夫妻之間，會大吵一架，熱戀的情侶也可能大打出手，甚至鬧出人命。

其實，我們都在學習——「先傾聽，再傾吐。」

我們也都要學習——「要對話，不要對立。」

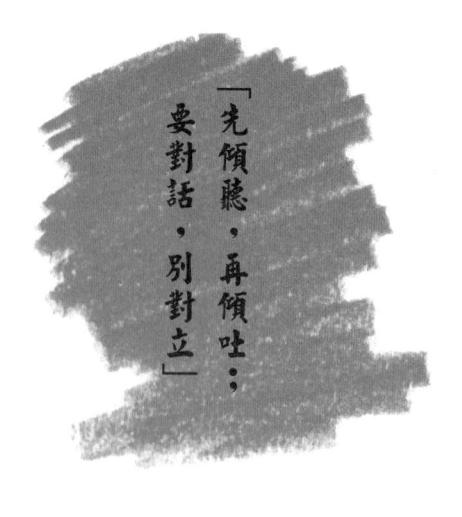

畢竟，「和敬」才有喜樂。

不看對方的好，只看對方的不好，而口出惡言，就會產生「對立與衝突」，也都會帶來雙方的痛苦啊！

◎

有個上班族說，每次當他遭遇挫折時，常找一個知心好友聊天、傾吐，可是，也擔心會因此而打擾到好友的作息。

沒想到他朋友說：「再忙，也要和你聊聊天！」

哇，真是有情有義，令人好感動喔！

相同的，夫妻之間，每天忙碌工作賺錢，或辛苦照顧孩子，大家都很忙、很累、很疲倦；可是，但願每對辛苦的夫妻，在睡覺之前，都能夠說：

**「再累，也要和你聊聊天！」**

**「再累，也要聽聽妳的快樂和疲憊！」**

# 抬高自己、貶抑他人，常會刺傷人

**強勢的口氣，是一種無情的攻擊**

有個女孩說，她們幾個女同事一起逛街，在路邊買了紅豆餅，一邊走一邊吃，也請小莉吃，結果小莉說：「拜託，『邊走邊吃』這種沒水準的事，我才不做！」

到餐廳吃飯時，大家都叫飲料喝，可是小莉大聲地說：「拜託，這種添加色素、糖水的果汁怎麼能喝？……我們家都只喝現榨的原汁，其他的都不喝！」

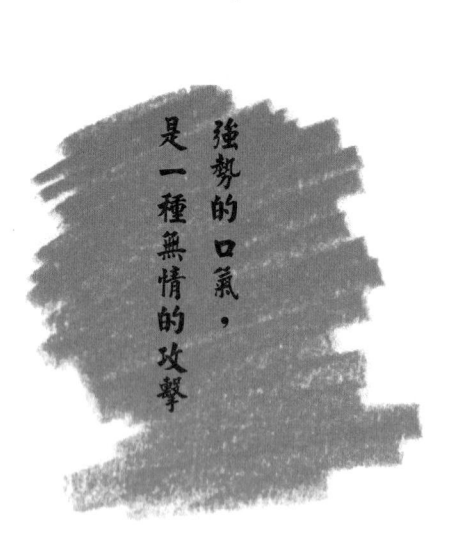

還有一次，同事談到某公立小學辦得不錯，以後小孩可以到那邊唸書，小莉一聽，馬上說：「現在什麼時代了，還唸公立小學？我們家親戚都嘛是唸『私立雙語小學』，小孩英語才會流利！」

**溝通，是一種技巧與藝術。有時咱們的原則是「對的」，出發點也是「良善的」，但，如果口氣「太強勢」，則聽起來都像是一種「無情的攻擊」，也徒增他人的反感。**

有些人的講話，習慣性地「抬高自己、貶抑別人」；雖然人很漂亮，卻像是隻「全身長滿刺的孔雀」，當不同意別人的話時，立刻張開滿刺的羽毛，來「防衛自己、刺傷別人」。

這樣，豈不是很可怕？**所以，一時口舌上的贏，卻可能會失去「友情、愛情和親情」啊！**

# 責備時，語帶肯定；批評時，語帶稱讚

用同理心，多想到別人的感受

有個商人，在商場上很得意，賺了很多錢，可是他常覺得很空虛，因為商場上的朋友，常爾虞我詐、各有心機。

一天，一前輩帶這商人到玻璃窗前，問他：「你看到什麼呢？」這商人不太情願地說：「看到馬路、車子、也有招牌，人行道也有媽媽帶著孩子……」

「沒錯，你都看到了！」這前輩又帶商人到一面鏡子前面，再問他：

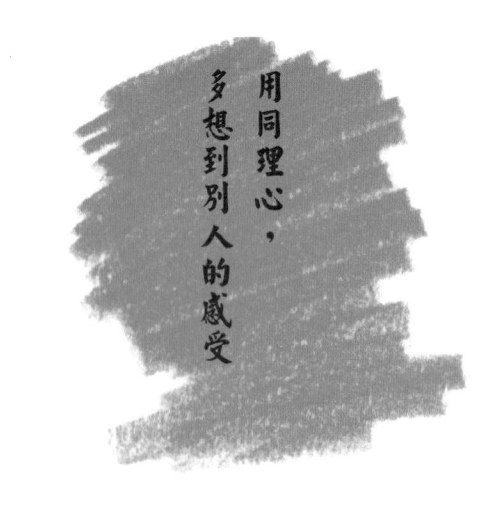

「現在，你看到什麼？」

那商人有點不耐煩地說：「當然是看到自己啊！」

「沒錯，是看到自己。」前輩笑著說：「窗子和鏡子，都是玻璃做的，可是鏡子裡只是多了『一層水銀』，就會讓你看到自己。我們人也是一樣，當事情多了一層『利害關係』時，我們眼中就只有自己，沒有他人了。』」

世界上最容易的事，是論斷別人、批評別人；

最困難的事，是認識自己、看清自己。

在溝通時，我們都需要有「同理心」，也多想到別人的感受。因此，說話時，我們可以學習——

**1. 責備時，要語帶肯定。**

**2. 批評時，要語帶稱讚。**

**3. 命令時，要語帶尊重。**

**4. 訓誡時，要語帶體諒。**

# 心存感謝，多看到對方的好

**「不對立，要對話！」多些良性的互動與溝通**

人是感情的動物，需要常溝通、對話，才會有感情；分開久了，少了良性的溝通與互動，感情可能就會有變化，甚至產生一些衝突與不睦。可是，人天天住在一起，生活在同一屋簷下，不見得就會感情好啊！

有個男子到書店買書，想找一本《幸福婚姻指南》，就問店員，書放在哪裡？店員說，是放在「科幻小說」那個櫃子。「那《夫妻相處秘笈》呢？」男子又問。「噢，那是武俠小說，要到武俠小說的櫃子去找！」

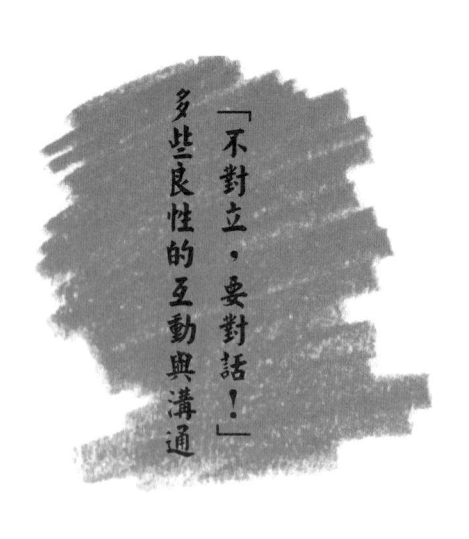

現今社會要找到個性相容、興趣相符的另一半，真是不容易；有些女子已超過適婚年齡，不免就心慌起來。所以，一聽到有人介紹條件還不錯的未婚男士時，十八歲的女生會問：「他很帥嗎？」

而二十八歲的女生會問：「他很有錢嗎？」

至於三十八歲的女生，則會焦急地問：「快說，他人在哪裡？」

◎

有情人結成眷屬，並不是一件難事；困難的是，在結成連理之後，還能彼此尊重、真情相待，並多看到對方的好！

所以，有個男人對別人說：「我很感謝我的老婆，她願意傻傻地嫁給我；因為，我既不高大、又不英俊，沒人要嫁給我，而她，卻傻里傻氣地跟定我。」

其實，**只要心存感謝的心，也給對方尊重和空間，則天下眷屬，就都會變成「有情人」**。

# 強勢的建議，是一種攻擊

## 別用「上對下」、「命令式」的口吻說話

有一對夫妻，相處不睦，經常打冷戰，兩個人都不說話，看誰先憋死！

有一天，在睡覺前，先生突然想到一件事，可是兩個人都不說話，所以他就拿了一張紙，寫了一些話，拿給老婆。

老婆拿來一看，上面寫著：「明天早上七點，把我叫起來！」

老婆心想：「管他去死，兩人不講話了，管那麼多幹嘛！」所以，兩人就都不講話，熄燈睡覺了。

隔天，老公醒來，一看——「他媽的，已經八點半了！」老婆呢？老婆已經不見了，上班去了，居然沒有叫他起床！

老公氣得趕快穿衣服、打領帶，準備衝去上班。

可是，這時候，老公突然發現，床頭上竟留著一張紙條！老公拿來一看，上面寫著：「死豬，七點了，趕快起床！」

◎

哈，老婆也留了一張紙條給他。

你不跟我講話，只留紙條給我，我也一樣留紙條給你！

**有句話說：「強勢的建議，是一種攻擊！」**

**的確，如果我們說話的口氣是「上對下」、是「命令式」，或太過於強勢，只會指揮別人，別人聽起來，都會像是「攻擊」一樣，不是嗎？**

# 嘴角上揚的人，一生福氣多

一開口說話，就是自己的廣告

多年前，有一次電話響了，我接了電話，是一位小姐打來的。公事談到一半，她忽然問我：「戴老師，您是不是生病了？……聽您的聲音，好像很累……」

我一聽，愣了一下。我生病？……沒有啊！我身體好好的，哪裡生病了？

可是，後來想一想——完了，完了，我自己的聲音太低沉、無生氣，一點精神也沒有，所以給人家的感覺像生病一樣。

「抱歉、抱歉，剛才心情不好，精神懶懶的，講話口氣像生病一樣，對不起……」我趕緊在電話中，向那位小姐致歉。

有人說：「**嘴角上揚的人，一生福氣多。**」

我們打電話、談公事時，不知道自己的嘴角是否上揚？有沒有面帶微笑在講話？

當然，心情好的時候，我們會用開心的口吻來講話；但心情不好的時候，我們的口氣可能很冷淡、無精打采，或給別人像生病、有氣無力的感覺。

其實，「**我們一開口說話，就是自己的廣告。**」

我們的聲音、口氣、態度，都代表我們自己給別人的形象廣告。是熱情、歡愉？……還是冷淡、冷漠？……

**尤其打電話時，看不到彼此的臉；但是，若能夠嘴角上揚、面帶微笑說話，一定會給對方熱情、歡喜、溫暖的感覺。**

# 欣賞他人、鼓勵他人，溝通就沒煩惱

「刀傷易痊，舌傷難癒。」

有一次，我開車帶全家人一起到南投玩。

在經過一個彎道時，我從照後鏡中看到一道閃光，我心裡想——完蛋了，完蛋了，超速了，要被開罰單了！

此時，心情很不好。因為，又要繳一筆罰款了！

後來，我告訴旁邊的內人，剛才超速被拍照了。我心裡想，可能要被唸、挨罵一陣了！

沒想到，我太太說：「沒關係啦！偶而開一下快車，才會知道，我們車子的性能還很不錯！」

聽到這句話，我的心還滿感動的。

換成是別的家庭，太太一聽到先生開車超速、要被開罰單，恐怕會是一陣嘮叨、或是責罵——「你幹嘛開那麼快？你不會開慢一點是不是？……你總是講不聽耶！」然後，整個車內的氣氛就變調了；或是，夫妻就開始吵架了！

◎

古人說：「刀傷易痊，舌傷難癒。」

其實，**「說話，是有溫度的，也是有凝聚力量的。」一句話，可以是冰冷的、刺耳的；但也可以是溫暖的、感動的！就看我們怎麼說？**

**只要學習——「多欣賞他人、讚美他人、鼓勵他人」，溝通就沒煩惱！**

# 記住一二，忘記八九；記住一二，才會快樂

凡事樂觀，就可以在人間建造天堂

法國名將拿破崙，曾統兵數百萬，所到之處戰無不勝、攻無不克；但是他說：「我就是勝不過我的脾氣！」

拿破崙也曾經慨嘆地說：「我一輩子的幸福、快樂日子，不超過六天。」

但是，雙眼皆盲且耳聾的海倫凱勒女士卻說：「哇，我覺得人生真是美極了！」

事實上，快樂與痛苦，全在自己的一念之間。心美、心善，一切都是

美好、快樂的。只要正面思考、心地美善、凡事樂觀，就可以「在人間建造天堂」；相反地，凡事悲觀、焦慮、憂愁，也會「使天堂變成地獄」。

所以，古人說：「人生不如意的事，十之八九。」八九，都是不好的，但還有一二是美好的、快樂的啊！

**我們就是要學習——「記住一二，忘記八九！」記住自己一二的好，一二的優點與強項，好好快樂地發揮；忘記那些八九的不好、不如意、不快樂，以及缺點。因為，「記住一二，才會快樂啊！」**

◎

有一個媽媽，帶唸幼稚園的女兒到菜市場買菜。在挑選絲瓜時，媽媽挑來撿去，總嫌絲瓜不夠細嫩，就對老闆說：「老闆，怎麼這些絲瓜都這麼老啊？」

此時，一旁的小女兒說：「有沒有像我這麼年輕的啊？」

在場的人聽了，都哈哈大笑！

「天堂」在哪裡？就在你我的歡笑、快樂之中啊！

# 不要急著說、搶著說，而是要想著說

言語切莫刺人骨髓，
戲謔切莫傷人心病

有一國中女生，學習態度不佳，導師把她叫到辦公室，斥責她：「妳媽媽是幾歲生妳的，是不是高齡產婦啊？怎麼會把妳生成這副德性，長得這麼畸形，像智能不足的樣子，站也站不好，一點站相也沒有！」

「妳媽如果早知道會把妳生得這麼畸形的話，生出來時，就一手把妳掐死算了！」導師愈罵愈大聲：「我如果是妳爸媽，有妳這種其笨無比的女兒，還不如跳樓算了！」

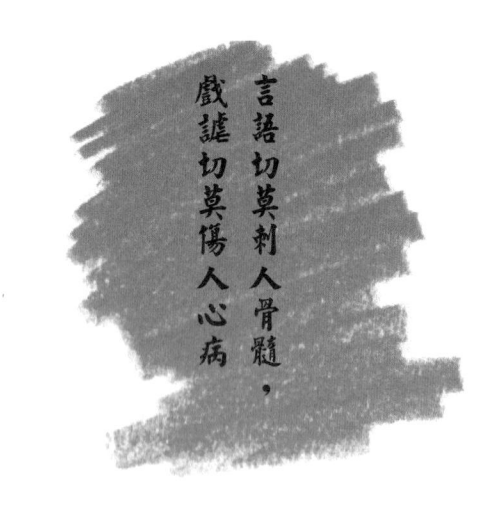

也有一高中男生，成績總是倒數幾名，還在作文簿上批評導師程度很爛，而被國文老師告到導師那兒；此男生自認理虧，到辦公室向導師道歉，可是導師冷冷地說：

「你不用向我道歉了，我承受不起，像你這種三百年都考不上大學、滿腦子垃圾的人，我怎麼學都學不來，我怎麼敢接受你的道歉？」

導師繼續嘲諷說：「你那麼會混吃等死、那麼會浪費國家糧食，我羨慕都來不及，我哪敢罵你、打你？我實在很佩服你耶，考試能考鴨蛋，真的很不容易耶！」

◎

正如古人所說：「傷人以言，甚於劍戟」、「言語傷人，甚於刀槍」！用尖酸刻薄的言語，來奚落、責罵、管教學生，學生所受的心理傷害，是難以彌補的。

所以，**溝通說話時，切記——「不要急著說，不要搶著說，而是要『想著說』啊！」**

# 成為一個「幫別人加水的人」

給別人鼓勵，自己也會感到無比的欣喜

在一場演講會結束後，於簽書會時，一名女士遞了一張紅色紙條給我，她沒多說什麼，就靜靜地離開了。

簽完名，所有聽眾都離開了，我打開紅色紙條，上面寫著：

「Dear 戴教授：

今天第一次聽您演講，如沐春風，真是名不虛傳的名嘴，我第一次聽演講、聽到感動落淚。

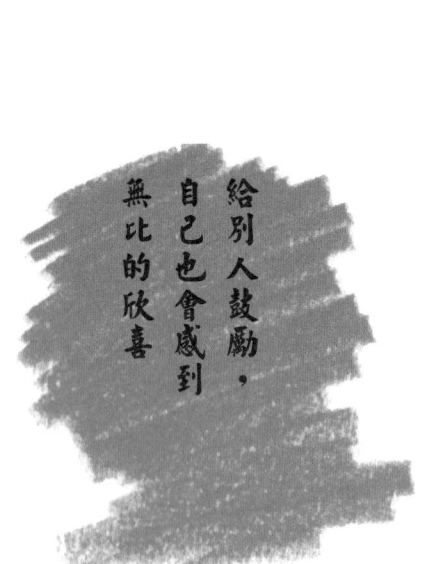

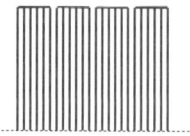

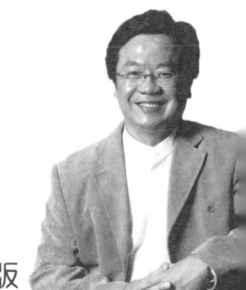

# ◆ 讀　者　回　函　卡 ◆

讓**戴晨志**老師的作品，陪伴您一起歡樂、成長。

寄回本卡，將可獲得戴老師的最新出版訊息。

購買書名：☐ **我不是天才，我是好人才**　☐ **丟掉窮思想，打造成功的自己**

☐ **人生沒有如果，堅持就有好結果**　☐ **問題不在難度，而在態度**

☐ **超優溝通力，人生得意不碰壁**

姓名：＿＿＿＿＿＿＿＿　性別：☐ 男　☐ 女

教育程度：＿＿＿＿＿＿＿＿　生日：　／　／

職業：☐學生　☐公教人員　☐服務業　☐醫藥護理　☐製造業　☐電子資訊　☐企業主管
☐軍警消　☐文化 / 媒體　☐主婦　☐農林漁牧　☐自由業　☐作家　☐其他

E-mail：＿＿＿＿＿＿＿＿＿＿＿＿

聯絡電話：＿＿＿＿＿＿＿＿＿＿＿＿

聯絡地址：☐☐☐＿＿＿＿＿＿＿＿＿＿＿＿

· 本書於哪個通路購買？

☐博客來　☐誠品　☐金石堂　☐晨星網路書店　☐其他＿＿＿＿＿＿

· 想要購買此書的原因？

☐戴晨志老師的忠實讀者　☐於＿＿＿＿書店尋找新知時無意中發現
☐親朋好友掛保證推薦　☐受文案及內容吸引　☐看＿＿＿＿＿網路平台分享介紹
☐其他編輯萬萬想不到的過程：＿＿＿＿＿＿＿＿

· 本書最吸引您的是哪一篇文章或哪一段話呢？＿＿＿＿＿＿＿＿

＿＿＿＿＿＿＿＿＿＿＿＿

· 對於本書的評分？（請填代號：1. 很滿意　2.OK 啦！ 3. 尚可　4. 需改進）

封面設計＿＿＿　版面編排＿＿＿　文字內容＿＿＿　其他＿＿＿＿＿＿

· 您其它與眾不同的閱讀品味，也請務必與我們分享：

☐文學 / 小說　☐健康 / 醫療　☐科普　☐自然　☐寵物　☐旅遊　☐生活 / 娛樂　☐心理 / 勵志
☐宗教 / 命理　☐藝術 / 技藝　☐財經 / 商管　☐語言 / 學習　☐親子 / 童書　☐兩性 / 情慾　☐其他

＿＿＿＿＿＿＿＿＿＿＿＿

· 請寫下閱讀本書的心得、建議或想對戴老師說的話：

＿＿＿＿＿＿＿＿＿＿＿＿

＿＿＿＿＿＿＿＿＿＿＿＿

＿＿＿＿＿＿＿＿＿＿＿＿

＿＿＿＿＿＿＿＿＿＿＿＿

晨星出版有限公司 編輯群，感謝您！

以前常有些老師的演講，講到令人睡著，可是，今天您的演講，卻是讓我又哭又笑。

謝謝您帶給大家快樂和希望，也慶幸我今天沒有因下雨而困在家裡。

謝謝您，希望您常來！

楊××敬上」

看到這張紙條，我真是感動。謝謝楊女士的溫暖字句，給我大大的肯定和鼓勵。妳的美言，太推舉我了，但也讓我生命水桶中，加滿甘甜的水。

有時，連續的演講之後，聲音、身體常是疲倦、勞累的；但此時，遇到一位溫暖的人，帶了一桶甘甜的水，灌注在我身上，給我稱讚與鼓勵，真是令人感到快樂與欣慰啊！

其實，我們都可以學習成為一個「幫別人加水的人」——多稱讚別人，給別人一些鼓勵，或給別人一些安慰和幫助。

**當我們用語言稱讚別人、幫別人加入甘甜之水時，一定會帶給別人意外的驚喜和快樂，而我們自己的心，也會感到無比的欣喜。**

# 金盃、銀盃，
# 不如別人的口碑

# CH 3

# 相互鼓勵、打氣，才能創造雙贏

**學生與老師，同樣需要「被鼓勵」**

有一天，我應邀為一家公司的同仁們，在成長營中演講。來自全台灣各地的同仁，聚精會神地聽講，並認真地寫筆記。

因該演講場地前後比較狹長，後面的同仁常需要站起來，才能看到投影布幕的字幕和重點文字，很辛苦；我在台上為此向坐在後面的同仁致歉，也問大家：「累不累？」大家回答：「不累！」

「寫這麼多筆記，辛不辛苦？」大家回答：「不辛苦！」

沒想到，後面還有個男生很大聲說：「很值得！」

哇，這句話讓我很感動！一邊站起來看字幕、一邊坐下來寫筆記，還跟台上講師熱情地說：「不累、不辛苦、很值得！」

其實，學生需要被鼓勵，老師也同樣需要被鼓勵；這樣彼此溝通、相互打氣，才能達到「雙贏」啊！

**想成功，就要把別人的智慧，放進自己的腦袋。**

**「記憶是短暫的，記錄才是長遠的。」**台下的聽眾，或許學歷不是很高，但大家都很踏實、很努力。

**成功不是靠學歷，而是靠努力。**

**成功不是靠能力，而是靠毅力。**

大家一起加油吧！當別人不看好我們時，我們都要「看好自己」！

只要我們勇往直前、永不放棄，那些嘲笑我們、不看好我們的人，就會落後在我們後面了！

# 勇敢請教別人，創造雙贏溝通

主動開口，
就會有好運
發生在我們身上

年輕時，我考了八次托福考試，終於一圓留學美國夢。記得第一次上課時，我英文不好，聽不懂教授在講些什麼，更不知道怎麼寫筆記？怎麼辦？

下課時，我鼓起勇氣，找一個長得不錯、上課勤快寫筆記的美國女孩，走過去對她說：「我是Charles，剛從台灣來這裡念書，今天是我第一次上課……我英文不好，上課無法寫筆記，可不可以借一下妳的筆記……」

這美國女孩不認識我，對我的要求，似乎有點面有難色。可是，我不放棄，又說：「對不起，我影印一下很快，就馬上還給妳……」

這時，這女孩對我說：「不是我不願意借你筆記，而是我的字很醜，怕你看不懂！」我說：「沒關係，我慢慢看、慢慢查字典沒關係！」此時，我順手把她的筆記拿起來一看，哇，真的是有一點醜，哈！

後來，這女孩說：「Charles，如果你真的要借我的筆記的話，這樣子好不好，我回家以後，幫你把筆記打字，過幾天再拿來給你，好不好？」

我一聽，哇，真是太感動了，差點跟她說：「我愛妳！」

你知道嗎，我這麼一個「主動的請求」，這美國女孩不是幫我打了「一次的筆記」，而是幫我打了「一學期的筆記」，也幫我度過我在美國語言最難適應的時候。

也因這個緣份，我們變成好朋友；在感恩節時，她也帶我去她家，與她家人一起過感恩節。

**「只要開口，就有機會！」**

**「只要勇敢請教，就會有好運發生在我們身上！」**

# 我們一站上台，就是自己的廣告

穿著賞心悅目、端莊得宜，是一種禮貌

一位國中老師對我說，她指導一學生參加全縣演講比賽；這男生的資質和口才都很好，得到前三名絕對沒問題！可是，到了比賽現場，老師一看到這男生，傻眼了——

「天哪，你怎麼搞的，怎麼穿個牛仔褲來？」老師一看到他的穿著，氣炸了：「我不是告訴過你，一定要穿正式一點的服裝來嗎？」

「有什麼關係呢？演講比賽不是比口才、比實力嗎？穿個牛仔褲有什麼不可以？幹嘛一定要穿那麼正式？……」學生耍酷地說。

然而，一開始比賽，這學生看到來自各校的菁英，一個個都整齊打扮，男生打領帶、女生穿漂亮洋裝，這學生當場愣住；他原本的自信和氣勢不見了，心情頓時受挫，態度也變得有點畏縮。結果，成績一揭曉，原本信心十足的他，沒有拿到任何名次。

其實，**一個人的穿著，令人賞心悅目，是一種禮貌**。

當然，演講比賽中，表達技巧、口才魅力很重要，但是，外表的穿著「端莊、大方、得體」，就是對裁判、觀眾的一種尊重。

所以，**「我們一站上台，就是自己的廣告。」**

我們的穿著若不得體、太隨便、太輕佻，別人就會給我們「負面評價」；即使實力再怎麼強，整體的印象，也會大打折扣。

# 常向別人表示感謝、贏得情誼

主動表示「感恩、感謝」，就是美善的溝通

我曾接到一名馬來西亞女讀者的來信：

你好，戴老師，我在我讀中學時就認識你了。

你在很多年前來馬來西亞時，來過我的學校，那時覺得你要求很高啊！因為你要我們帶小冊子，然後紀錄要點。我們全班沒多少人有這樣做，也有很多人不懂得感恩。

但我現在很感謝上帝，讓你來到我們學校給我們上一堂那麼好的課！尤其是你最後給我們聽的〈再別，康橋〉我超喜歡的，而且也很感動！我那時聽你演講記錄的話，到現在都還留着，並且現在在新加坡學習時，常常看你的書。

我的成績不是很好，每當要讀書時都覺得很氣餒……不過現在我看完了你的一本《自信，舞台就是你的》，我決定要考很好來！我要善用時間和生命，來演出自己的精彩故事！

謝謝你啊！當我拿到成績時，我會再寫信息告訴你，我做到了！

當我看到這封信時，我很開心，也很感動。

當其他同學聽演講不寫筆記時，她用心地寫筆記，而且多年後，到新加坡念書、學習時，還把筆記內容留在身邊。

**一個人常常向別人表示「感恩、感謝」，也「常向成功者主動請教、學習」，就是一種主動的「美善溝通」，也一定會讓自己愈來愈進步，贏得更多情誼。**

# 「小材大用」的職場溝通

## 態度柔軟、謙卑有禮，就會被賞識

有一位公司總經理，對我說一個小故事——

「我剛踏入社會時，我媽媽就跟我說，你進入公司以後，你要記得，不能心存『我是大材小用』的心態；因為，自認為自己是『大材小用』，就會態度高傲、目中無人、自以為是……你的態度，要謙卑有禮，要自認為『我是小材大用』，感謝公司給我機會，感謝主管、同事給我指導，讓我這個小小人物，能夠來這裡學習、成長、進步……」

這總經理又跟我說：「我媽媽告訴我，只要你心存『小材大用』的心、凡事感謝的心，將來你就一定會成功……但是，如果你心存『大材小用』的心，只有驕傲、自大、沒有感謝，也不懂得請教別人，你就一定不會成功！」

哇，這些話真是太棒了！這媽媽說的，真是很有道理啊！

**在職場工作時，只要自認「小材大用」，也謙卑有禮、凡事感恩、態度柔軟、主動請教，就一定會被肯定、被賞識。**

相反地，自認「大材小用」，常覺得自己懷才不遇、憤世嫉俗、態度高傲的人，就沒人願意提拔，也不會受到主管重用啊！

# 虛心聽取勸言，才是有智慧的人

**不只把事「做完」，還要儘量做到「完美」**

有家出版社的女編輯來信，詢問我是否願意為一位教授的新書，寫篇推薦序？由於這位新書作者，是我認識20年的教授朋友，所以我就答應了。

不過，我發現這名女編輯，她的來信雖然很客氣，但是，她信中的文字，幾乎都沒有使用標點符號。經過思考之後，我決定寫一封信給這位女編輯。

信上我說——

「身為大出版社的編輯，我個人認為，在給對方的信件、文書中，應該使用正確的標點符號，而不是只有把文字打出來而已。

因為，這些文字書信，是代表妳自己，也代表出版社。適當地運用標點符號，是妳認真與用心的表現。畢竟，我們的每個動作與表現，別人都在給我們打分數啊！」

隔天，女編輯回信給我，對我說：「戴博士，非常謝謝您的提醒，我會特別留意這個部份……晚學還有很多需要學習的地方，非常感謝您願意指導……」

看到這女編輯的回信，也看到她已經更改使用正確的標點符號。

**《聖經》箴言中說：「驕傲只啟競爭，聽勸言的，卻有智慧。」能虛心、謙卑地接受別人勸告或提醒，又能出口表示感謝的人，才是「有智慧的人」啊！**

「不將就，要講究！」我們可以學習——不是把事情隨便「做完」就好，還要盡量把它做到「完美」啊！

# 別讓負詞，成為「口頭禪」

**常說正詞的口頭禪，一定大受歡迎**

一個高中男生，數學很棒，但當同學請教他時，他總是說：「你欠扁啊？這麼簡單的問題也不會！」

我在大學任教時，女助教與學生相處很融洽，但當她與學生聊天時，常會以大姊的口吻說：「這是什麼態度？」

有一次，當我跟她開玩笑時，她脫口說出：「這是什麼態度？」隨後，她紅著臉，不好意思地對我說：「對不起，主任，我說錯了！」

其實，我知道，「這是什麼態度？」是她常用的口頭禪。

有些人的口頭禪，是——「你太誇張了」「你有病啊！」「你少來！」「你欠扁啊？」「你去死啦！」「你這是什麼態度？」，甚至是難聽的「三字經」……

但，我也遇到一些朋友，他們的口頭禪是——

「哇，你很棒！」「哇，你好厲害哦！」「你真的很了不起！」「你真的很不簡單！」「你真行！」「你是怎麼做到的？」……

聽到這些正面的口頭禪和讚語，真是讓人心花怒放，很開心啊！

想想，我們是否有「負詞」的口頭禪？

**如果，我們的口頭禪，是「正詞」，是肯定的、讚美的，就一定會受人歡迎，別人也會覺得——「嗯，有你真好，你真是太了解我了！」**

# 凱蒂貓，沒有多言惹禍的嘴巴

## 別用「情緒性的惡詞」，指責別人

有個高中男生，上課一直玩筆，不小心，筆掉在地上；老師對他說：「不要再玩了，筆壞了，還要再花錢買，多可惜！」

這男生說：「摔壞就扔掉，再買一隻嘛，一支才五十幾塊錢！」

「喂，你是敗家子啊！怎麼不懂得節省？」老師憤怒地罵道。

有時，我們會情緒失控，用「情緒性字眼」來責備別人；可是，情緒性的用詞，往往具有極大的殺傷力。

就語意學角度而言，「敗家子」一詞，不是「**說明性含意**」的中性字眼，而是「**影響性含意**」極強的負面怒詞。這怒詞，夾雜著個人的憤怒情緒，也是負面的價值判斷，而把別人的人格，貶得一文不值！

其實，情緒性的字眼，我們常會不自覺地脫口而出；例如，「你是豬啊」、「笨蛋」、「卑鄙、無恥」、「你變態」、「你丟不丟臉啊」、「你真是白癡」、「沒家教」！

也有些氣急敗壞的父母對子女說：「不孝子，真希望當初沒生你！」、「你去死啦，我沒有你這種孩子！」

大家是否注意到，凱蒂貓只有「眼睛、鼻子和鬍毛」，而沒有「嘴巴」！

**凱蒂貓既不罵人、不批評人，也不會用「情緒性字眼」指責別人；她沒有「多言惹禍的嘴巴」，但她的魅力，卻征服了你我！**

# 看重自己，尊重別人，才能圓滿和氣

將心比心，
尊重他人，
關係會更和諧

導演李行先生曾講過一則故事——

有個著名的男演員，愛耍大牌，常遲到、不守時；可是，礙於他是大牌演員，大家雖不高興，但心裡也都忍著。

有一天拍戲，所有演員都到齊了，可以開拍了，唯獨這位大牌的男演員還沒出現。怎麼辦呢？

「等他！」李行導演忍住氣，淡淡地說。

20分鐘、半個小時、一個小時……時間一分一秒地過去，導演、演員、攝影、燈光、道具、場記、場務……每個人都靜靜地等待，不語。

過了一個半小時，那男演員終於大牌地出現了。

李行看見他，沒有大聲罵他，只是站了起來，對著其他所有人說道：「好了，收工！」

於是，現場的燈光熄滅了，大家收工了！

人，一個個都走了，李行導演也走了，只留下那個大牌男演員，呆呆地站在漆黑的戲場中。

從此以後，那男演員再也不敢遲到了。

李行導演對這愛遲到的男演員，沒有破口大罵，也沒有暴跳如雷；他只是忍住氣，也給了對方一次最震撼的教訓——**「準時，是看重自己、尊重別人的表現。」**

**一個人懂得將心比心、尊重他人，才能減少衝突、圓滿和氣啊！**

# 多製造別人說話的機會

吉人之詞寡，
躁人之辭多

在社團之中，常會有一些人口才很棒，話匣子一打開，就滔滔不絕，一發不可收拾；說自己如何厲害，海峽兩岸事業如何多、人脈如何廣、業績如何輝煌……

在旅行團之中，也有一些團員在遊覽車上一直大聲講話，在吃飯時也一直發表高見；在參訪過程時，也一直興緻勃勃地高談闊論，不管別人喜不喜歡聽……別人想插嘴、說話的機會都沒有。

古人說：「吉人之辭寡，躁人之辭多」「言多必失」「喪家亡身，語言佔八分」「危莫危於多言」……等等。

語言學家拉克夫曾經指出三原則，使人們的說話更「文雅」——

**1. 不要咄咄逼人。**

**2. 讓別人也有說話的機會。**

**3. 讓人覺得友善、親和。**

其實，講話最多者，多半是講自己的事，而且，別人不一定想聽。但，說話多的人，不一定智慧多，事實上，往往很可能是相反。所以俗話說：**「話多不如話少，話少不如話好。」**

在人際溝通中，「讓別人也有說話的機會」雖然說來容易，但人們常常只顧自己說話，而忽略了他人。

在古人「時然後言，人不厭其言」的名訓之外，我們若能時時記得——「製造別人說話的機會」，則一定會更受人歡迎！

# 金盃、銀盃，不如別人的口碑

口碑好，別人才能為我們「口耳相傳」

演講，是我的工作，所以我要求自己——不是準時抵達，而是提前半小時抵達會場。

如果是比較大型的演講，我會提前一小時抵達；因為，我必須先勘查會場，了解電腦、投影機要如何擺設？也測試麥克風、音響。

很多人會對我說：「戴老師，我們有投影機……」

可是，到了現場一看，會場投影機的畫質不夠好或模糊，沒有我自己攜帶的投影機畫質漂亮，所以，我都會堅持使用我「自備的投影機」。我自備電腦、投影機、小音箱、線路等全部設備，只要給我電源，我一切搞定，讓投影畫面十分漂亮，也讓聽眾有一場「聲光、畫面、內容精彩的心靈饗宴」。

我不願選擇輕鬆、只帶「隨身碟」；因為隨身碟放到別人的電腦裡，可能不相容、中毒，而產生畫面出不來的意外。

我一直相信——**「用力，自己知道；用心，別人知道。」**

**「金盃、銀盃，不如別人的口碑；金獎、銀獎，不如別人的誇獎。」**

站在台上與聽眾演講、分享，是我在與聽眾「溝通」，我必須盡可能地把各個環節做好。

因為，口碑好，別人才能為我們「口耳相傳」。

「口碑」就是自我品牌，我們都要努力、用心來擦亮自我品牌啊！

# 自嘲，是最受歡迎的說話藝術

自愚娛人的高EQ情緒智慧

有一位其貌不揚的男同學，在新生訓練的自我介紹時說：「對不起，我長得很抱歉……我的朋友告訴我說，你長成這樣固然不是你的錯，但常跑出來嚇人，就是你的不對了……」

全班同學一聽，莫不哄堂大笑！

也有一位外型平庸的女孩，很大方地說：「我雖然長得不怎麼樣、不漂亮，甚至有點醜，但是，我長得設備齊全，各就各位……」同學聽了，也都哈哈大笑！

**「自嘲」——自我解嘲，是人際溝通的良方。**

能夠自嘲，拿自己的缺點來開玩笑，會給別人親切、隨和的感受，也拉近彼此之間的距離。

所以，有些藝人以自己的「大鼻孔」來開玩笑；有些則以自己「矮個子」來自我嘲笑；也有女星以自己「超胖的體態」，談笑自如，而博得觀眾的喜愛。

有一位長者接任了公司董事長；他在交接典禮上，以詼諧的口吻期勉員工說：「我的年紀一大把了，希望大家好好努力，讓我平平安安度過晚年、度過這個任期……」

董事長的這一席話，讓全場的來賓幾乎笑翻天！

**以幽默的方式「調侃別人」，或許也能引起笑聲，但不一定人人都有雅量接受。「自我解嘲」是最穩當、不得罪他人，又能受人歡迎的說話藝術，也是自愚娛人的高EQ情緒智慧。**

# 口齒留芳，是成功人際溝通的第一步

## 少說「上對下」「不對等性」的教訓話語

年輕時，我剛從美國返台任教，曾經參加一學術會議，遇到未曾謀面的某一系主任；見面聊了兩、三句，他就對我說：

「戴主任，我覺得你不應該來接系主任的，你剛拿博士，年紀輕輕的，一點經驗都沒有，你應該先好好做研究、教書，不要一畢業就急著當系主任……而且，我覺得你的國語不太標準，你發ㄐㄑㄒ的音怪怪的……你是不是客家人？有客家腔調哦！……你當口傳系主任，要把國語好好再學一學！」

當場，我愣了一下，有點糗，也有點意外。

怎麼第一次見面，才沒講幾句話，就被人家「嚴厲指正」一番？

有些人在溝通時，常習慣性使用「指導性語言」，去指導別人、糾正別人。

有時「善意的指導與糾正」可能對別人有幫助，但對不熟悉、剛認識的人，或在公開場合，就以「自己很棒、很厲害，我來指導你」的態度，來指正對方，常會引來別人的反感與討厭。

因為，**指導性語言有「不對等性」，也有「上對下」的教訓口吻，讓聽者會有不舒服的感受。**

其實，**「口齒留芳，是成功人際溝通的第一步。」**

少說上對下的「指導性語言」，多說「鼓勵、讚美的話」，就是口齒留芳，也會讓人際關係更加愉悅。

# 樂觀與自信，是人生良藥

用陽光燦爛的笑臉，迎向人生

從我年輕唸藝專開始，我就是個子矮，長不高，只有165公分；過了三十多年，還是165公分。可是，前年去體檢時，護士小姐跟我說：「戴先生，164.5。」

我說：「我是165啦。」

護士嚴肅地說：「不，你只有164.5，做人要誠實……」

今年，我再去體檢，另一護士說：「戴先生，163.9。」

天哪，人老了，身高竟真的縮水了，人也愈來愈矮了。

可是，不管我的個子矮、脖子短，或肩膀斜，也曾有不少讀者和聽眾對我說：「戴老師，你站在台上，從頭到尾都在微笑，好有自信，好亮眼喔，很像矮個子的費玉清。」

我不知道我自己在台上的表現如何，因我看不到自己；但我知道，我的個子不高，人也不帥，脖子也短，肩膀也斜，但我只能盡可能用自己的「智慧、笑容和自信」，來和大家分享我學習的心得。

**每個人都要有高EQ情緒智慧，知道自己的優勢和才華是什麼，不必一直在意別人的眼光和批評，也不要愛生氣、常抱怨。**

**人就是要樂觀、自信，用陽光般的燦爛笑臉，來與別人溝通，也迎向快樂人生。**

# 精簡扼要、詼諧有趣，永遠受歡迎

透過語言，吸引聽眾的「溝通技巧」

有一次，我受邀擔任一場公務人員演講比賽的評審，一名衛生局男同仁上台演講，他言語中充滿自信，他說道：

我雖然只有五職等，但我「立足」五職等、「胸懷」六職等、「放眼」七職等、「追求」八職等、「渴望」九職等，不到十職等，誓不罷休……

全場聽眾對此獨特出奇、帶著節奏感，並有如海浪一波波洶湧而來的演講，都抱以最大的喝采與掌聲。

也有一個學生在演講時說——

我的姊姊的大嘴巴，說起話來真是「驚天動地」，

看到男朋友就「歡天喜地」，用起錢來「揮天霍地」，

找個東西「翻天覆地」，失戀了就「呼天搶地」，

向我借錢時「求天拜地」……

現在她要出嫁了，我真是——「謝天謝地」！

令人拍案叫絕的演講，是經過精心設計與不斷練習的結果。

所以，有經驗的演講者，可以掌握現場聽眾「喜怒哀樂」的情緒。

有一位婦女義工，在兩性關係的演說中，引用報上的漫畫說：

「挑食的男人，容易餓肚子；

不挑食的女人，容易大肚子。」哈！

**精簡扼要、詼諧有趣、切合主題的短語，永遠受歡迎**——透過語言，來表達技巧、吸引台下的聽眾，也達到傳播、溝通的效果。

# 喝我們家豆漿，會積陰德喔？

有一天，小李到豆漿店買早餐。小李問老闆說：「老闆，有沒有燒餅油條？」

「燒餅油條賣光了，只有聖誕餅。」老闆說。

小李納悶地說：「聖誕節還沒到，就開始賣聖誕餅啦？……」

老闆看了小李一眼，回答說：「不是聖誕餅，是只有『剩下蛋餅』。」

喔，好吧！只剩蛋餅，就買蛋餅吧！

「口齒不清、語意不明」，會造成溝通障礙

小李又問老闆：「老闆，有沒有冰豆漿？」

老闆說：「冰豆漿也賣光了，歡樂的好不好？」

「喔？……豆漿還有歡樂的？……」小李疑惑地問。

老闆聽了，不悅地說：「先生，我是問你『換熱的』好不好？不是『歡樂的』你覺得，我的國以有這麼差嗎？……」

「好吧，換熱的，就換熱的，也來兩杯。」小李說。

後來，老闆把兩杯熱豆漿遞給小李，也悶悶地對他補了一句：「會積陰德喔！」

哇哩咧……什麼意思啊？小李努力想了很久，真的搞不懂啊！只好小心翼翼地問：「老闆，喝你們的豆漿，還『會積陰德』喔？……」

這下，老闆真的火了，大聲對小李說：「先生，我是好心告訴你，我們的豆漿『非基因的』；你是不是隔壁早餐店，派你來亂的？……」

哈！哈！哈！……這是一則網路笑話。

**溝通時，口齒必須清楚，才不會造成「口齒不清、語意不明」的溝通障礙。**

# 別讓口才優於誠信

做人以誠相待，
做事言而有信

在一場演講中，我要求聽眾將手機關掉，或改成靜音，以免影響演講的進行。同時，我說：「等一下誰的手機響，就罰五百元，好不好？」

現場聽眾齊聲說：「好！」

可是，過了半小時，有人的手機響起，真是氣死人了！誰？到底是誰？自己老實招來吧，該罰五百元了！

大家你看我，我看你，手機還是一直響……

此時，我看了一下自己的公事包，天哪，原來是我自己的手機在響！我滿臉通紅，好糗！全場聽眾也樂得哈哈大笑！

「剛剛我說，手機響，要罰多少錢？」我問。「五百元！」

「一個人要誠信，要說到……怎麼樣？」我又問。

「做到！」聽眾大聲回答。

「今天，我不是好榜樣，只要求別人，自己卻疏忽、沒有做到，所以，等一下我會捐出二千元，做為對自己的處罰……」我說。

會後，我真的將二千元交給主辦單位，轉捐給社會局，幫助窮苦人家。

**古人說：「不誠無物。」一個人的口才，不能優於他的誠信啊！**

很多人，說話不算話，前後矛盾、自欺欺人，字裡行間完全沒有誠信，如何讓人信服？

**溝通時，若只會耍嘴皮子，但「有口才，沒誠信」，必會被人看輕、瞧不起啊！因為，「做人要以誠相待，做事要言而有信。」**

常低頭，
就沒有跨不過去的矮門

# 親情沒有隔夜仇

鄭貞銘教授是台灣新聞傳播界的大師，他經常鼓勵我、提攜我，也是影響我一生、讓我十分敬佩的教授。

有一天，鄭貞銘教授寄了一張書法給我，是他自己親筆寫的，我覺得很棒，就把它裱框起來——「生命沒有回程票，親情沒有隔夜仇。」這句話，讓我省思了許久。

多少人，家庭失和、夫妻不講話、親子不睦，或是家人心懷仇恨，兄弟姊妹大打官司……

每個人，都覺得自己是對的；每個人，都覺得對方是錯的；每個人，都不願先低頭、先說一句抱歉……

有一次，在馬來西亞新山，我的演講會結束前，一名國小二年級的小女生，勇敢站在一千人面前，大聲地說——「今天我聽戴老師演講後，我印象最深的一句話，就是——「常低頭，才不會撞到頭！」

當時，全場的人都哄堂大笑！

的確——「常低頭，才不會撞到頭。」「常趴下，才不會中槍！」人就是要懂得身段柔軟，口出善言，才能化解危機啊！

所以，**「常低頭，就沒有跨不過去的矮門啊。」**

**相同的，親情沒有隔夜仇！**

**只要懂得柔軟、低頭、多說好話，家庭一定充滿歡笑與和樂啊！**

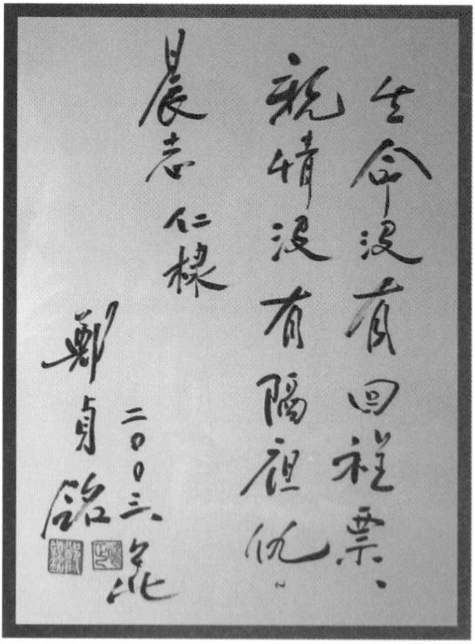
生命沒有回程票、
親情沒有隔夜仇~
晨志 仁棣
鄭貞銘 二〇〇三、秋

# 只有果實纍纍的樹，才會有人拿石頭去丟它

用智慧的話語，來安慰、鼓舞他人

當我剛從美國學成回國時，於世新大學擔任口傳系主任；那時，經常在報章雜誌上發表文章，也常受邀到廣播、電視媒體上節目，曝光率還蠻高的。

後來，有時就會聽到一些同仁之間的批評聲音。

聽到這些批評聲音，心裡難免會難過，覺得透過媒體發表看法與意見，並不是什麼不好的事情，也可以幫學校與系上打知名度。

有一次，我與一前輩見面，也述說了我內心的委屈與難過，這前輩就跟我說——

「晨志啊，一棵樹，要不是果實纍纍，怎麼會有人拿石頭去丟它？……你看，死狗沒有人踢，對不對？……你不要難過，你有不錯、傑出的表現，才會有人眼紅、嫉妒、批評你！你繼續做你該做的事就好！別沮喪、難過喔……」

這前輩的一句話，讓我寬心了不少！

真的，只有果實纍纍的樹，才會有人拿石頭去丟它！

假如我們沒有成就與傑出表現，就不會有人眼紅、嫉妒、批評我們了。

**一個人，有歷練、有經驗、有智慧，就可以在別人需要的時候，用一句話來安慰他、鼓勵他，讓他可以心情不再低落，進而使他突破低潮、大步向前。**

# 懂得自我溝通，把自己推銷出去

**在被嘲笑、歧視中，不斷自我增值**

有一名男讀者寫信給我，說八年前，他在唸國中三年級時，我出版了一本《一生難忘的感動》；他寫信直接向我購買，後來他收到我寄給他的書，可是他卻都一直沒有匯書款給我。

這書款，遲了八年，現在才匯款給我，真抱歉！

他還說，他後來又繼續看了我很多書，也念高職夜校，但他每天都很早到學校，練習寫電腦程式。

他覺得，在這過程中，常遇到挫折，也常讓人看不起、嘲笑，但他總會想起我書中的內容：

**「命運不是天生，也不是遺傳的；必須不斷自我增值，直到勝利成功的掌聲響起。」**

**「當別人拒絕你、歧視你，或看不起你時，一定要讓別人刮目相看。」**

後來，這夜校學生榮獲——

※ 高職商科技藝競賽，程式設計組優勝。

※ 全國技能競賽，網頁設計組，北區分賽冠軍。

現在，他在新竹科學園區上班，擔任網頁設計師。他寫信來謝謝我，但真正感動的是我。一個夜校生，能夠懂得「自我溝通」——看好自己、鍥而不捨，從被嘲笑、歧視中，勇敢地不斷自我突破、增值，真的很不容易。

**的確，命運不是天生的，是不會遺傳的。**

**我們都要看好自己，因為，「問題不在難度，而在態度啊！」**

# 用樂觀、喜悅來打扮自己

曾經去買一套西裝，老闆打量了一下我的身材，說：「你的個子不高，又有斜肩，脖子也短，而且左右手也不一樣長，買現成的西裝恐怕不合適，最好是用訂做的……」

我知道，自己的身材不好，上了年紀，身材也變胖了，不是什麼帥哥。

有一次，在演講後的簽書會上，一個媽媽帶著孩子來給我簽名；她站在我前面，當我對她微笑時，她很認真地對我說：「戴老師，我覺得你遠

做個快樂EQ高手，活出亮麗神采

遠的看，比較好看！」

唉，我能說什麼？只有笑笑地對她說：「謝謝妳，再見囉……」

其實，我們都要掌握自己「快樂的鑰匙」；管他別人說我們個子矮、脖子短、肩膀斜，或是說我們遠遠的比較好看……

一個人，只要自己想快樂，沒有不快樂的。

「悲觀，只是虐待自己而已。」

「想成功的人，沒有悲觀的權利。」

**當我們心情低潮時，要告訴自己——「一切都會過去，我要微笑，要掌握住自己快樂的鑰匙。」**

**我們要用樂觀、喜悅來打扮自己，做個「快樂EQ高手」，才能活出亮麗的神采！**

# 對人微笑，是最便宜的投資

能哭能笑，都是幸福

一天，我應邀在一家美商化妝品公司演講。我對學員們說，能夠微笑，就是一種幸福！

因為，有些人「連笑都不能笑」啊！

為什麼呢？我問一男士。

他說：「因為他不想笑。」結果，大家哄堂大笑！

我說：「還有沒有其他答案？」

有人回答說：「因為，他得了顏面神經麻痺！」

我說：「答對了！」——有些人得了顏面神經麻痺，臉部麻痺了、僵硬了，就像撲克臉一樣，連笑都不能笑。很難過、痛苦啊！

所以——「能夠微笑，真是幸福啊！」

同時，能夠哭，甚至大哭，也是一種幸福耶！

為什麼呢？

因為，有些人是沒辦法哭的。他們是沒有眼淚的！

因為，他們得了「乾眼症」，沒有眼淚；所以，想哭，是哭不出淚水的。

**我們「能笑、能哭」，是多麼幸福的一件事啊！**

**多對我們身邊的家人、朋友，展開笑顏吧，因為——我們是幸福的人！**

**所以，「對人微笑，是最便宜的投資」，不是嗎？**

**微笑，不用花錢，就可以贏得許多友誼與情誼。**

# 不是因為幸福才笑，而是笑了才會幸福

笑，是人與人之間最短的距離

暑假，我帶孩子全家在美東開車旅行時，曾在鄉間道路上，看到一間黑色小屋，屋牆上畫著一個簡單的笑臉。這笑臉的筆畫很簡單，但叫路過的人不禁多看一眼，心中也會跟著，會心一笑！

你今天笑了嗎？
每天，大人工作，或是學生上學讀書，
大家都很辛苦、很勞累、很疲倦，
但，你今天開懷大笑了嗎？
或是，你今天對身旁的人、遇見的人，開口笑了嗎？

不管是順利、不順利，
不管是晴天，或是颱風天、狂風暴雨，
只要全家人都平安、挺過風雨，我們都是幸福的人啊！
我們都該對家人，來個幸福的微笑！

因為——「不是因為幸福才笑，而是笑了才會幸福！」

**笑臉常開，好運就會常來啊！**
**溝通時，若能笑臉相迎，必能減少許多摩擦與衝突。**

# 花若盛開，蝴蝶自來

看重自己、善待他人，
幸運自然降臨

有一名周姓計程車司機，每當預約的客人上車時，他都會先準備好礦泉水、喉糖、報紙；也會先把車內打掃、布置得十分乾淨，並擺上鮮花。而乘客一上車時，除了先問候之外，也會再問道——「您想聽什麼樣的音樂？古典音樂？流行音樂？還是想安靜休息、不想講話？……」

周姓司機總是穿襯衫、打領帶，給人專業、且值得信任的感覺。而在乘客要下車時，他也會快步跑到右後車門，為乘客開門，或幫乘客把行李拿下車。

他靠著這些用心的「細節力」，以及溫馨周到的小動作，讓他擁有百分之三十的熟客人，也帶來百分之七十的新客人！

同時，他「專業、用心、感動人的服務」，也為自己帶來一個月十餘萬元的收入。

◎

的確，「看重自己、善待他人、體貼顧客」，就是幫別人加水，我們也會增加許多無限的快樂！

**有句話說：「花若盛開，蝴蝶自來。」**

大環境雖然不景氣，但我們要一直抱怨、咒罵嗎？

不，不，要先改變自己的心境，**用「積極、真誠、超值、有效率」來感動他人，才能讓自己脫離困境、步入順境啊！**

# 學習謙卑，感謝責罵

懂得自我反省，
記取教訓，
真是難能可貴

記得在世新大學任教時，我開了一門「兩性語言溝通」的選修課。

在第一次上課時，我都會跟學生約法三章——只要被我抽點三次不到，沒來上課，這一科就「死當」。

學期中過後，有一個外系的女孩被我抽點三次不到；當她再來上課時，我就告訴她：「妳不用再來了，妳被死當了。」

當時，她臭著臉離開教室；顯然，很不高興，或許也懷恨在心。一年之後，我在相同的這堂課上，很意外地，看到這女孩子又來選修我的課。

在課堂上，我特別請這女孩站起來，告訴我與同學們：「妳去年這堂課被我死當，心情一定很不高興，為什麼妳這學期還要回來上我的課？」

這女孩站起來，對同學們說：「其實，去年我被戴主任當掉這門課，我心裡很不高興；可是，我後來想一想，是我自己太混了，每天都在玩、翹課……這樣下去，我很對不起自己、對不起父母，很多課也都會被當掉……我喜歡戴主任的這門課，所以我回來重修，這次我絕對不會翹課，也絕不會讓戴主任失望！」

哇，我一聽，好感動！原本對我很生氣的女學生，竟然會自動反省，知道自己必須用功念書，不能貪玩、翹課，免得成績太差，對不起自己與父母……

**「學習謙卑，感謝責罵！」**

**一個懂得「聽取勸言、記取教訓」，又願意勇敢站起來承認自己過錯的學生，是多麼難能可貴啊！**

# 真愛美善溝通，感動深植心中

CH 4

# 別用放大鏡，找尋別人的缺點

多看別人的優點，來稱讚他；少看缺點，來挑剔他

有個單親媽媽在美容院工作，從早忙到晚，累死了，回家又要看八歲兒子的聯絡簿，兒子很頑皮，常會故意捉弄女同學、上課不專心，所以老師就會在聯絡簿上蓋一個「哭喪的臉」。

兒子啊，你學乖一點好不好？不要上課愛講話、排隊不守秩序……你看看，每天都有那麼多個「哭喪的臉」。

◎

一天，這媽媽疲憊地回到家，兒子開心地撲向媽咪，可是，媽媽還是冷冷地說：「快去把聯絡簿拿來，讓我看你又得幾個『哭喪的臉』？」

此時，兒子抱著媽媽的腿，撒嬌地說：「媽咪，今天我們一起數一數，看我這學期總共得幾個『微笑的臉』好不好？」

兒子拿出聯絡簿，高興地數著：「25、26、27……52、53、54……」

聽著兒子興奮的聲音，媽媽眼淚掉了下來……兒子啊，你有好多「微笑的臉」，值得我高興地和你一起細數，可是我為什麼要一直挑剔你「哭喪的臉」呢？

當媽媽拭著淚時，兒子興奮地說：「媽咪，這學期，我總共有『82個微笑的臉』喔！」

這時，媽媽緊緊抱住兒子，歡喜地說：「媽咪今天幫你加『18個微笑的臉』，讓你有『100個微笑的臉』……」

於是，這位媽媽在聯絡簿上，畫上「18個微笑的臉」，並簽上名字。

# 要為受挫的情緒，訂下停損點

## 學習讓憤怒的情緒「換跑道」！

曾有南部一所大學的男生，不滿女生想分手、要和其他男生在一起，在憤怒之時，開著父母送他的轎車，故意猛力去衝撞這女生；女生受傷後，這個抓狂、脹紅著眼的男生，又故意快速倒車，狠狠地將女生輾斃。

唉，這真是一件令人痛心的事啊！

想愛對方，卻使用強暴、脅迫的方式，逼迫對方就範，甚至毀滅對方，這真是令人不寒而慄啊！

人要學習——「為自己訂下一個停損點！」

一段感情受挫，不能再使自己失控、抓狂，甚至做出讓自己後悔的事，而毀了自己！要趕快「設下停損點」，讓自己找回自我理性與自信。

詩人徐志摩曾說：「我在茫茫人海中尋訪靈魂伴侶，得之，我幸！不得，我命！」

**想找到一生幸福的伴侶，真的很不容易；不管是價值觀、個性、信仰、生活習慣，都要互相包容、體諒、尊重。**

一個人若因愛受傷，要「用自我信心來自療」；也千萬別為了一個豬頭，而哭得死去活來、尋死尋短啊！

**男女戀愛，「好聚、好散的功課」一定要學會——讓憤怒的情緒「換跑道」，也要讓自己活得幸福、快樂哦！**

# 憤怒，是片刻的瘋狂

別讓一生命運，
毀在「一時的失控情緒」

在美國馬里蘭州有一位名醫，與一女博士共同出版一本節食的專書，而名噪一時，同時也譜出了戀情。

然而，不久後，這名醫又移情別戀，愛上了一個護士……

這女博士是華府一所名校的校長，她受不了男方始亂終棄，一氣之下，拿著槍去興師問罪；然而，在盛怒的談判中，這位女校長，卻不慎觸動板機，殺死了醫生情人。

這新聞太轟動了，因這知名校長竟然成了「殺人犯」。辯護律師說，她只是拿槍前去理論，卻沒想到在憤怒、爭論時，槍枝走火；她本來想自殺，卻不幸殺死了負心的愛人。後來，這女校長被判監禁十五年，現在已經出獄了。

◎

唉，人在生氣、衝動時，都變成盲目、非理性了！

有句話說：「憤怒，是片刻的瘋狂。」

**人，不能讓一生的命運，自毀在「一時的失控情緒」之上啊！**

**一個人的心，即使變成「千瘡百孔」，也要懂得暫時關閉起來，自我療傷、止痛！**

過去，擁有甜蜜的愛，但，在兩人情感失和、想要分開時，必須理性溝通，互相祝福；畢竟，**「強摘的果實不甜、強求的感情不美」啊！**

# 不怕欠人情，只怕忘恩情

「愈有禮貌、愈懂感恩、愈是美麗！」

有一次，有個女學生告訴我，希望能有機會到電視台實習，以後想當記者；我知道這女生能力不錯，就介紹她到有線電視新聞部實習。

兩年後，無意間在某個場合巧遇這女生，她興奮地對我說：「老師，我已經升為正式記者了耶！」

「真的？太好了，恭喜妳！」我說。

「老師，您知道嗎，我才實習了半年，他們就馬上升我當記者了，怎麼樣？不錯吧！」那女生又高興、又得意地說。

當時，我為她高興，但也有點感傷。為什麼？因為，她一年半前就升為正式記者，但怎麼連一通電話都不告訴我一聲，直到無意間遇見才說？沒錯，是妳的能力好、表現不錯，才會被調升為正式記者；但是，畢竟也是老師的引薦，才讓妳有機會進入電視台實習，「知會老師、謝謝老師」也是最基本的禮貌啊！

**俗話說：「人不怕欠，只怕忘。」是的，接受別人幫助不是什麼壞事，也不要怕欠別人人情，但最重要的是，必須記得「知恩圖報」。**

圖報，不一定是金錢的、物質的，就像這女學生，只要主動打個電話告訴老師近況，讓老師一起分享進步、成長的喜悅，都會讓老師覺得「這女生真努力、真懂事、真有禮貌」。

「愈有禮貌、愈懂感恩、愈是美麗」，不是嗎？

# 親情，勝過分數啊！

打他的手，
不如牽他的手

新聞報導，台大醫院急診室，曾經收治一名國中生，他的臉被人用掃把毒打而腫大，全身也滿布傷痕。

被誰毒打？……誰這麼兇狠？

這國中生說，是被「媽媽」打的。

為什麼？因為他考試，只拿到全班第二名，沒有拿到第一名，所以媽媽很生氣地把他毒打一頓。

這個來自高社經背景家庭的國中男生，媽媽要求他，考試一定要考第一名；這次他因為只拿到第二名，媽媽暴怒，生氣地痛打他。

媽媽強迫成績好的姊姊，把他架住，讓媽媽憤怒地不斷責打、處罰。

急診室主任詢問這國中生，臉怎麼被打成這麼腫大？

這孩子說：「媽媽規定，被打時必須忍住，不能口出惡言，也必須忍住、不能哭；因為哭了，就會被打得更兇……」

這孩子的真話，讓我看得心裡好痛！

我的孩子，如果成績考第二名，我高興都來不及了，怎麼要毒打他呢？

**「親情，勝過分數啊！」**

孩子即使每次都考第一名，卻與父母不講話、充滿怨恨且不理父母，又有什麼用？

**打他的手，不如牽他的手；**

**打他的臉，不如親他的臉，溫柔撫摸他的臉。**

我們絕不能用暴怒、失控的脾氣，去傷害我們最深愛的孩子啊！

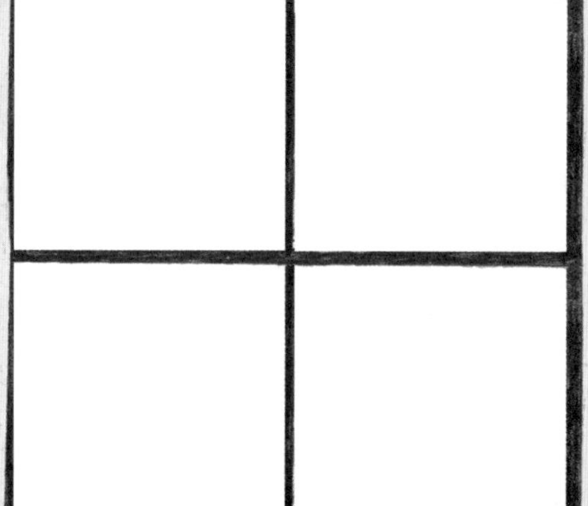

# 老師的冷漠，是孩子心中永遠的痛！

愛，就是真心的「給予」與「對待」

前一陣子，新聞報導，台北市有一名謝姓國小女老師，她的課堂上有一名聽障學生，但她在上課時，卻不願意佩帶可以對應傳送FM音波給班上聽障學生的麥克風。

謝姓女老師並質疑黃姓聽障小朋友說：「你只要站近一點，就可以聽得到了！」

謝姓女老師甚至要求黃姓聽障小朋友，要他當眾「拔下掛在耳朵上的助聽器」。

坐在教室後方的女導師，目睹聽障小朋友遭受到謝姓女老師的羞辱與霸凌，立即上前制止；兩名女老師也因而大吵一架、驚動校方。

家長得知消息後，立刻趕到學校。想到自己聽障的孩子，被老師「當眾逼迫拔下助聽器上課」，孩子心中的羞辱、委屈與被糟蹋，家長也崩潰大哭！

後來，校方與教育局，以謝姓女老師教學不力、違反《教師法》《兒童及少年福利與權益保障法》……將她記大過，並予以解聘。

一個老師，心中若沒有愛，沒有同理心，如何教導孩子、關愛孩子？

**愛的溫馨，是「用腦、也用心」啊！**

**愛，就是真心的「給予」與「對待」。**

您知道嗎——「老師的冷漠，是孩子心中永遠的痛啊！」

# 別太早論斷孩子未來的成就

**每個孩子都有潛力與爆發力**

我記得很清楚，這女孩在我大一「演講學」的課堂上，從未主動開口說話，只有被點到名、被迫上台演講時，才很羞怯地上台。而且，在台上，她總是紅著臉，說不到一分鐘的話，就講不下去，有一次還難過得糗哭著下台……

這名個性內向的女孩，唸口語傳播系，班上同學大多口才流利；而她卻是羞於表達，不敢面對聽眾，所以，我給她的期末分數，是比較低的。

然而，畢業二、三年之後，她從美國唸完碩士回來，令我驚訝的是，她竟然考上有線電視記者，也當起了新聞主播。

天哪，我萬萬沒想到，曾經是我不看好、羞於表達的女學生，居然有一天能坐上電視主播台，用她大方、自然的神態，口齒清晰地播報新聞。

我有個朋友說，她以前當小學老師時，班上有個男學生成績很差，直到畢業時，連名字都還寫不好。可是，二十年過去了，學生舉辦同學會時，那名最令她頭痛的男生，竟然開著「賓士敞篷車」來接她，還載她在市區兜風、遊街。這名曾經令老師頭痛的男生，早已經是收入頗豐的「五星級大飯店大主廚」了！

有時候，我們都會「看走眼」，尤其原本成績不理想、表現不佳的學生。其實，**每個孩子都有其「潛力和爆發力」！現在表現不好，不見得以後都表現不好啊！所以，看孩子、看學生，千萬不能只看現在的表現，就立刻下斷語，而論斷他的未來啊！**

因為，孩子們的潛力無窮，有時會讓我們「大大跌破眼鏡」啊！

# 不同，不代表不對

## 容許別人有不同的想法與作法

有一天，兒子打電話給我，說他在我辦公室樓下，可不可以帶一個同學到我辦公室來？我說：「好啊！」

兒子上樓後，對我說：「我同學已經三天沒有洗澡了，可不可以讓我同學在辦公室的浴室裡洗澡？」我說：「沒問題啊！」於是，兒子同學對我點個頭，低頭經過我到浴室洗澡。他經過我時，我聞到一股難聞的味道。

當兒子同學洗澡時，兒子對我說，他同學大學沒考好，只考上台科大，他媽媽很不滿意，逼他重考！他不願意重考，媽媽還強迫他辦休學。後來，兒子同學與媽媽多次大吵，離家出走，也自己找一家自助餐店打工，晚上沒地方住，流浪街頭，才會三天沒洗澡。

兒子同學洗完澡後，精神稍好，兒子帶他出去，也打電話給導師，聯絡同學的家長，好好溝通一下，也把同學帶回家……

我自己比較笨，兩次大學沒考上，只唸國立藝專廣電科，但只要自己有目標、不放棄，人生還是大有可為啊！

**「不同，不代表不對。」我總覺得——「不要把自己的想法，強加在別人身上！要容許別人有不同的想法與作法。」**

我的孩子比我聰明，我沒有資格決定他們未來要走什麼路？我只能提供意見，也多聽他們的意見、尊重他們的決定。畢竟，家庭和諧、快樂，是最重要的。

孩子若唸了名校、卻沒有興趣的科系，家庭又嚴重失和，又有何用？

# 感恩懷恩恩不斷，飲水思源源不絕

將愛的關懷與榜樣，薪火傳承下去

當我在國立藝專廣電科一年級寒假時，我爭取前往中國時報實習。那時，有前輩推薦我，可以認識中國時報副社長歐陽醇先生，因為，他是一位非常愛護學生的長者。

於是，我主動打電話給歐陽副社長，也求見他。歐陽副社長很親切地接待我，也告訴我，有任何需要，都可以不必客氣地找他。

歐陽醇副社長曾在各大學的新聞系講課，退休後，在文化大學新聞系擔任專任教授。他無私無我，熱愛學生有如子女，所以有「歐陽爸爸」的稱號。連我這樣，不是他課堂上的學生，只要主動積極、努力進取的學生，他都十分愛護、關心，也時常親筆寫信鼓勵！

歐陽醇教授曾說：「每班學生，我都喜歡，每班授課，我都認真，我的生活，學生便是我的寄託。」

多年後，歐陽醇教授創辦了一本「新聞鏡」週刊，當時我在美國奧瑞崗大學攻讀博士學位。歐陽醇社長邀請我寫稿，我恭敬不如從命。

我所有寫的每一篇新聞相關文章，歐陽社長都大大給我鼓勵，也都刊登在週刊中。甚至，當我拿到博士學位時，歐陽社長還把我的「博士照」，製作成週刊的封面人物，給我莫大的驚喜與激勵。也因此，當我剛拿到博士學位後不久，世新大學就邀請我，擔任口語傳播系的創系主任。

在歐陽醇教授逝世20年的百歲冥誕紀念會中，二百多位新聞界、文化界的精英，與文化大學新聞系師生，一起懷念這位新聞教育的恩師！

此時，我想起一句話——**「感恩懷恩恩不斷，飲水思源源不絕。」**

感念「歐陽爸爸」，一生熱愛新聞教育與愛護、提攜學生；我希望學習他的熱情，也以感恩的心，盼能將愛的關懷與榜樣，薪火傳承下去。

# 溝通三法寶——Why? How? Good!

## 讓孩子有機會，開心驕傲地表現自己

美國有一位教育學教授香寇（Ann Melby Shenkle）指出，當一位老師在課堂上，有三句話很重要，就是——「Why? How? Good!」

香寇教授說，老師必須常把這三句話掛在嘴巴上，詢問學生：「你可不可以告訴我，你為什麼這麼想、這麼做？」

然後再問：「你是怎麼做到、怎麼完成的？……」

然後再說：「嗯，很好，很不錯，真是太棒了！」

「Why? …… How? …… Good!」這三句話，真是老師與家長在與孩子溝通時的法寶啊！

孩子和學生，都希望被看見——看見自己的好點子、好作品、好成績。當老師詢問他的時候，孩子就有機會開心、驕傲地表現出來！

記得，以前我在美國念書時，教授若在課堂上對我說：「Charles，good job!」，或在作業報告上寫著：「good job!」時，我就會高興、開心一整天！

其實，我們可以學習對別人的好表現（不管大人或小孩），說出三句話——

- **主動詢問：「Why? 你怎麼會這麼想？」**
- **常仔細傾聽：「How? 你是怎麼做到的？」**
- **也常善意鼓勵說：「Good! 太好了，太棒了！」**

這樣，我們都會是受人歡迎的「人際溝通高手」啊！

# 尖酸、苛薄的話，是不能說出口的

## 愛是不羞辱、不貼負面標籤

媒體報導，大陸重慶市的某一中學，初三女生丁婷（化名），在中午時刻從教學大樓八樓跳下，經醫院搶救無效而死亡。

丁婷的身上留有一份遺書，上面寫著：「汪老師，您說得很好，我做什麼都沒有資格，學習不好，長得也不漂亮，又矮又醜，連當坐檯都沒有資格。您放心，我不會再給您惹事，因為這個世界上不會再有我這個人，我對您的承諾，說到做到……」

事發後，相關單位展開調查，也證實，汪姓老師在丁婷跳樓前一小時，曾對她施以體罰，並使用侮辱性語言罵她——「妳連坐檯都沒有資格」，導致丁婷不堪老師的言語侮辱，而跳下八樓自殺。

後來，汪姓老師被教育當局撤銷教師資格；而女學生的父親也向法院，對汪老師提起侮辱罪訴訟。

**「尖酸、苛薄、刺傷人的話，是不能說出口的。」**

**「愛，是不嘲諷、不羞辱、不貼負面標籤。」**

**老師當眾的「讚美、鼓勵」，常給學生帶來歡喜、希望與信心，因而大大激發學生內隱的才能。**

相反地，老師當眾的一句「譴責、羞辱」，則常給學生感到侮辱、羞愧與打擊，甚而走上無法挽回的絕路。

# 愛的激勵，是學生奮發向上的動力

讓孩子從嘲諷中，得到信心與希望

有一位陳小姐說，她小時候經濟狀況不佳，常常沒有一頓好吃，更別提有新衣、新鞋可穿。

在她國小五年級的一次月考前，老師在班上宣布：「這次月考得到第一名的同學，老師要送他一件新衣服。」

為了得到這件新衣，她每天挑燈夜戰，也用一張日曆紙，上面寫著「我一定要考第一名」幾個大字，貼在牆壁上，來激勵自己。

後來，她真的考了全班第一名！三天後，老師當著全班同學的面，將一件絨布連身裙送給她，做為獎勵。那一夜，她開心地抱著這絨布裙子睡著了！

陳小姐說，她始終不曾將這連身裙穿在身上，因怕弄髒它，所以就一直收藏著它。等到有一次，她要跟堂哥出去玩、想穿它時，卻發現已經穿不下了。

然而，這件「沒穿過的新衣」，讓陳小姐永遠記得──國小老師「愛的激勵」，也讓她擁有童年最美麗的回憶。

**老師的微笑、關愛的眼神，或激勵的話語，常常是學生奮發向上的動力。**

**老師若能善用「愛的語言」來鼓勵孩子，就可以讓孩子的心──「從嘲諷中，得到信心；從挫折中，看見希望！」**

# 老師的愛，鼓舞孩子走向光明之路

多說建設性、鼓勵性、激勵性的話

有個男孩，他從小父母雙亡，靠著祖母住在偏遠的鄉下生活。

他家很窮，從來沒有上過什麼安親班、珠算班、才藝班、鋼琴班，更沒有上過什麼游泳課、英文班……

一天，班上女老師說要來家庭訪問，這孩子有「千萬個不願意」，因為他家很髒、很小；可是，不管這孩子怎麼推辭，這女老師還是堅持，一定要前往孩子的家。

後來，這孩子沒辦法，只好硬著頭皮，帶老師回家做家庭訪問。一到了破舊「土角厝」的家，老師用台語和祖母聊天，然後又大聲地說：「阿嬤，妳這個孫仔阿明，很乖、很聰明，他以後……一定可以做一個了不起的人哦！」

這孩子聽到老師這麼一講，嚇了一跳──「天哪，老師居然向我阿嬤說，我以後一定可以做一個了不起的人！」

這句話在孩子的心中，深深種下了「信念」，也不斷地鼓勵他；後來他不斷唸書、進修，也當了小學老師、主任，多年後更當上國中校長。

這位國中校長說，不管孩子家裡多遠、多窮，老師都要到孩子的家裡做「家庭訪問」；**只要老師對家長和孩子多說些「正面激勵的話」，都會種下深深的「信念」，鼓舞著孩子走向光明之路！**

# 有禮貌、會讚美，最美！

讚美，是人際溝通的潤滑劑

有一對年輕的爸媽，帶著兒子搬家到了一城市，他們要租一間房子；找了很久，終於找到一間交通、生活機能都不錯的房子，附近也有公園、學校，真是很滿意。

爸爸聯絡了房東屋主，出來開門的是一位老爺爺；老爺爺一看到小男孩，就板著臉說：「我的房子不租給有孩子的家庭。」

「為什麼？」

「因為有孩子的家庭，常常都很吵，我不喜歡吵，我喜歡安靜……」老爺爺說完，就把門關上了。

這年輕的爸媽很是失望，也準備離去。可是，這時小兒子又跑回那房子門口，用小手用力敲拍那老爺爺的門。老爺爺開了門，小兒子立即對老爺爺說：

「老爺爺，你是天下最好的爺爺，你的房子也是天下最好的房子，我們好喜歡你的房子，請把房子租給我吧……老爺爺，我沒有孩子，我只有爸爸和媽媽。」

老爺爺一聽，開心地笑了！也答應，把房子租給這一家人。

**我們如何教導孩子——有禮貌、會微笑、有機智，也懂得客氣地與人溝通、稱讚別人！這，真是很不容易。**

**「有禮走遍天下」——一個人有禮貌、嘴巴甜、會讚美、肯柔軟，則遇到任何困難，都能迎刃而解。**

# 沒有不好的事情，只有不好的眼睛

別用偏頗的眼睛和嘴巴，去批評別人

有位媽媽說，下班後，她拖著疲憊的身子，騎著機車，載小兒子去買一些麵包、牛奶。當時，外頭下著毛毛雨，她對兒子說：「我進去一下，馬上出來，你坐在後座等我，不要亂跑哦！」

沒五分鐘，這媽媽很快地就買完東西出來了。這時，只見小兒子一副懶洋洋的模樣，整個人趴在機車椅墊上。

媽媽看了很生氣，嚴詞罵說：「你沒骨頭是不是？你趴著幹什麼？坐要有坐相啊！」

這時，小兒子挺起身來，笑笑地對著媽媽說：「媽咪，我很聰明哦，我用身體趴在妳的椅墊上，妳的椅墊就不會被雨淋到……媽咪妳坐上去，屁股就不會濕、不會冷了！」

這媽媽說，當時她的眼淚差點滾了出來——「兒子啊，對不起，是媽媽錯怪你了……你這麼乖、這麼貼心，好心幫媽媽遮椅墊，媽媽卻沒看見你的好，只會大聲罵你、唸你……」

◎

有時，我們常用自己偏執的想法，去判斷別人，沒想到，結果卻是「錯怪了別人」、「誤會了別人的好意」。

**所以，有人說：「沒有不好的事情，只有不好的眼睛和嘴巴。」**

**我們不要用有色眼睛批評別人，而要多用彩色的眼睛欣賞別人！**

# 做一個令人懷念的人

**多一些鼓勵與肯定，少一些生氣與責罵**

九年多前，有一天我在嘉義演講，半夜接到哥哥來電，說爸爸睡覺時心肌梗塞，安然過世了。我愣了一下，立即從嘉義開車趕回台北；一路上，我回憶起我與父親的互動。

當我兩次大學沒考上時，父親從未嚴詞責備我「考這什麼爛成績」，只有鼓勵我：「沒關係，別灰心，再努力！」

在我當兵退伍後，想出國念書時，我失業兩年半，考了八次托福考試才通過的過程中，父親也總是和顏悅色地對我說：「再加油，不要放棄！」

多年後，我在大學任教，每次去看爸媽，隨手帶了肉粽去，爸爸吃了肉粽，即對我說：「你在哪裡買的肉粽？好好吃哦……世界上怎麼會有這麼好吃的肉粽？」

天哪，我只是隨便買的肉粽，可是父親總是用最好聽的話，來回應我。

他對兒孫說的話，總是帶著鼓勵、肯定、讚美……他從來不責罵。看到我兒子、女兒的水彩、油畫，也都是滿口讚美說：「怎麼這麼棒，畫這麼漂亮，好厲害哦！」

清晨快五點，我開車回到了台北，和母、兄到醫院殯儀館去看爸爸的遺體；白天，再帶內人與孩子去看爺爺安詳睡去的遺容。

幾天後，當時念小學的兒子、女兒在浴缸裡泡澡，也一起編一些思念的歌，唱給天上的爺爺聽。不料，小女兒突然說：「噓……不要說話……我聽到爺爺正在跟我講話！」

講什麼呢？小女兒說：「爺爺正在對我說……謝謝你們，這是我聽過……最好聽、最好聽的一首歌……」

父親過世時，78歲。我總是想起他對我、對孫子、孫女說話時，溫柔、鼓勵、讚美的語調與表情。

**學習「做一個令人懷念的人」，是我從父親的身上，學到的一件事。我們可以給家人、孩子、朋友，多一些鼓勵與肯定，而不是責罵、生氣與憤怒。**

# 改變心境，脫離困境

用喜悅、樂觀，
來面對人生

記得有一次搭飛機時，機上的螢光幕出現一則新聞畫面——有一個青年在一次觸電意外中，失去了雙手雙腳，幾乎痛不欲生；然而，在親朋好友的鼓勵下，他還是堅持地活下來！

畫面中，這青年沒有雙手、雙腳，但他已學會用「嘴巴」轉開水龍頭。當他想看書時，沒有手可以翻書頁，他家人則幫他訂做一個頭箍，戴在額頭上；頭箍上有一細長的鐵條，當他輕輕轉頭時，細鐵條就可以幫他翻書。

後來，這年輕人覺得，他沒雙手、雙腳，一直待在家裡很沒意義，於是他加入了醫院義工行列；其他義工推著輪椅，送他進入每個病房，和身患重病的病人聊天。

每個住院的病患，看到這位「沒有雙手、雙腳」的年輕人，居然「滿心歡喜、面帶笑容」地來探望他們，並鼓勵他們要勇敢活下去，都大感驚訝與感動，因比起「沒有雙手、雙腳」的人，他們已經幸福多了！

**的確，當我們埋怨自己「沒有鞋子穿」的時候，別人「連腳都沒有」。**只有在看見別人「沒有雙手、雙腳、雙眼」時，才知道自己是那麼幸福，我們如何能再自怨自艾、悲觀自嘆？

**有人說：「命好不如習慣好！」**

**「改變心境，脫離困境。」**

我們都要用喜悅、樂觀、正面思考的態度，來面對人生，並與他人溝通；悲觀自嘆，是無濟於事的，不是嗎？

# 先處理心情，再處理事情

## 別讓「非理性」衝得太快而失控

暑假期間，我們全家在美國開車旅行，很少看見車禍；有一次，看見一次小車禍。

當時，我開著車，正在等紅燈，只聽見我旁邊的車道傳來「碰」一聲。我轉頭一看，原來是我旁邊的兩輛車子，後車不小心撞了前車。

前車是一位三十多歲的小姐，被後車一位留著鬍子、四十多歲先生的車子給追撞了。

當時兩人都笑嘻嘻地下了車，看了車子撞損的狀況，並沒有很嚴重；此時，兩人竟然開心地當場互相擊掌、慶賀一下……

當場，我們真是看傻了眼！怎麼會這樣？車子互撞，還互相擊掌？

我看，他們兩個後來一定會互相加入 line，成為好友，哈！

◎

綠燈了，我的車子開走了，心裡有很大的感慨。

我們台灣，車子相撞了，開車的人總是氣呼呼地下車，兩人怒目相向，聲音變大聲了、面貌變難看、猙獰了，臉紅脖子粗，也搞得交通大阻塞。

美國人則是一團和氣，有問題，保險公司會處理，沒關係，不要大吵一架，不用面紅耳赤……

所以，**遇見生氣、不高興、意外時，學習──「先處理心情，再處理事情」；先靜下心來，沉澱一下心情，也讓「理性」慢慢跟上來！**

千萬別讓「非理性」衝得太快，以致釀成無法挽回的地步！

# 誤判，也是比賽的一部分

忍住怒氣，化為爆發力，才能揚眉吐氣

在2010年6月，美國職棒曾有一名投手賈羅拉加〈Armando Galarraga〉，幾乎要達成「完全比賽」的榮耀，因為對手印地安人隊沒有人上過一壘。

可是，後來對手有一名打者打了一支內野滾地球，一壘裁判卻判定「安全上壘」。

此時，全場觀眾與電視播報員都譁然，因為，經過電視慢動作重播，很顯然地，球比人先到，應該被判出局才是。

不過，經過裁判與大會開會決定，維持原判，也就是安全上壘。大會的說法是——「誤判，也是比賽的一部分！」是誤判，但不是每個誤判，都一定要改判。

當然，這投手有點失望，因他沒有拿到「完全比賽」的榮耀。不過，隔天，美國通用汽車公司，贈送了一台全新的超級跑車給這名投手，謝謝他在被誤判時，有美好的風度與氣度，接受裁判的判決；當時，他臉上笑嘻嘻的，沒有大聲抗議、叫囂，也給全場球迷一場最好的風度與示範。

「誤判，是比賽的一部分！」

**「被誤會、被欺負、被嘲笑，也是人生的一部分。」**

**「要忍住怒氣，化為爆發力，才能讓自己揚眉吐氣！」**

當我們遭遇挫折、被誤解或嘲諷時，生氣沒有用，要靠自己的風度、實力與努力，拿回榮耀，也靠自己的爆發力，來揚眉吐氣啊！

# 用愛的今天，照亮孩子美麗的明天

愛，就是真心的付出與對待

孩子是「濕軟的黏土」，不是「定型的陶土」，只要有耐心、愛心，給予激勵和鼓勵，他就可以被塑造成一個漂亮的精品。

所以，有一句話說：

「孩子喜歡去好玩的地方，但，他們只留在有愛的地方」（Kids go where there is excitement but they only stay where there is love.）。

「愛，就是真心的付出與對待。」

「多包容孩子的缺點，多看孩子的優點」。

Love，愛，這個英文字，我們可以把它拆成四個字母——

L：Listen，**就是用心「傾聽」對方的說話，也聆聽他的委屈與快樂。**

O：Overlook，**就是「忽略」對方的缺點，多看他的長處與優點。**

V：Voice，**就是溝通時，說話的「聲音」與口吻要柔軟、親和。**

E：Encourage，**就是多多「鼓勵」對方，為對方加油、打氣。**

在相互溝通時，若能多用心傾聽、多看對方的優點，聲音柔軟、親和，也多多鼓勵對方；多說建設性的話，少說貶損性的話，則師生、親子關係一定會更加美好！

因為，我們都要——**「用愛的今天，照亮孩子美麗的明天。」**

# 塞翁失馬，焉知非福？

**緩一緩，別衝動；面對它、接受它、處理它**

年輕時，我留學美國回台，考上華視新聞部，擔任記者。一年多後的某天，我突然被告知，隔天立刻調職到編譯組當編譯。

那時我很生氣，想辭職不幹了！可是，朋友勸我，不要衝動，先到編譯組，過一陣子再說。四天後，經理才叫我去，告訴我，某一件事我處理不當，讓老闆不高興。我一聽，天啊，這真是大誤會啊！

我婉轉解釋之後，經理對我說：「晨志啊，很抱歉，我調錯了！不過，調職令已經公布，你就先去當編譯，四個月後，我會幫你再調回採訪組。」

就這樣，我每天在編譯組上班，翻譯外電新聞。每天聽英語、學英文、勤翻譯，也申請美國博士班；後來，奧瑞崗大學接受我的申請，讓我前往攻讀博士學位。

四個月後，經理把我調回採訪組，但我告訴經理：「謝謝您把我調職，我已申請到美國奧瑞崗大學博士班，不久後，我就要到美國念書去了，謝謝您讓我有機會訓練英文……」

後來，我在美國拿了博士學位，回台在世新大學擔任口傳系主任，之後也成為專職作家，在海內外演講。

古人說：「塞翁失馬，焉知非福？」我曾很生氣，為什麼被調職去當編譯？但回首一看，「感謝經理把我調職，他改變了我一生的命運！」

所以，**在生氣時，不要衝動、莽撞！緩一緩，想一想，面對它、接受它、處理它，說不定，這是老天對我們最好的安排啊！**

# 不要只會生氣，卻不會爭氣

把生氣，化為實力與爆發力，才能揚眉吐氣

年輕時候，我兩次大學聯考失利，只有唸三專——國立藝專廣播電視科，但我每天寫日記、勤唸報紙、訓練自己的文筆與口語表達。

三專畢業、當兵退伍之後，我想當播音員，考了中廣、警廣、正聲公司，卻都沒考上。

於是，我每天到台大圖書館念書，準備考托福考試，希望能到美國繼續唸書。

我前後總共考了八次的托福、兩年半失業，最後才如願以償到美國就讀廣播電視碩士；回國後，才以第一名成績進入華視，擔任記者工作。

每個人都會有不如意、受委屈、或被欺負的時候，常會令人難過、生氣、憤怒。

可是，一直生氣卻無濟於事，只有轉個念頭——「把生氣，化為正向的動力、實力與爆發力，將來才能讓自己揚眉吐氣。」

**不生氣，是一種本事。**

**不生氣，也是一種情緒智慧。**

**只會生氣，不會爭氣；只有憤怒、抱怨，或只有蠻力、暴力，又有什麼用？**

在委屈、受屈辱的時候，忍住淚水、沉潛自己，厚植自己的實力，改天大大展現自己的才華、超越那打擊你的人，就是一件大快人心的事啊！

# 不回罵最後一句話，就可以結束紛爭

**每個人都想在口舌上，爭得上風**

經過一公園時，看到一對夫妻，一邊走路，一邊吵架、不停地爭論。夫妻兩個人，各持己見，各不相讓；你講一句、我回一句；你大聲，我也比你更大聲；你罵我不對，我也罵你荒唐……

這對夫妻，一路走、一路吵，面紅耳赤。

兩個人都有自己的立場、都有自己的想法，兩個人也堅持自己的想法是對的，絕不退讓、絕不認輸，一定要講贏對方……

此時，我想起一句話——

**「只要不回罵最後一句話，就可以結束紛爭。」**

每個人都不想被罵到最後一句，每個人都想在口舌上，講贏對方、爭得上風……

可是，**只要有一方，願意忍住心中的怒氣，寧願被罵，卻「不回罵最後一句話」，爭論的氣氛，就會暫時停止，紛爭就會結束。**

但是，誰願意被罵、卻不回嘴、不回罵？

有些人，就是寧願被罵、卻懂得忍住情緒、不開口回罵，而讓上演在馬路上、家庭裡、公司裡的紛爭暫時停止。

這，就是一個有「EQ情緒智慧」的人啊！

# 謝謝你，陪我走過那美好的回憶

謝謝你對我未曾有恨

美國女星艾瑪史東以「樂來越愛你」，拿下第89屆奧斯卡金像獎最佳女主角。而她的前男友安德魯加菲，雖然以「鋼鐵英雄」入圍奧斯卡最佳男主角，卻無緣獲獎。

不過，安德魯加菲在典禮結束後，大方接受媒體訪問，恭喜前女友艾瑪史東獲獎；他欣慰地說：「我一直受到艾瑪的啟發……我會這麼認真演戲，也是因為看到艾瑪不斷持續進步……我很高興她現在這麼成功、這麼好……」

看到這兩位知名演員，雖然不再是情侶，但兩人互動依然良好。還有媒體捕捉到，安德魯加菲在看到艾瑪史東獲獎的瞬間，眼眶泛著淚光，真的為前女友感到高興與驕傲。典禮結束後，兩人也大方地相互擁抱。

男女情侶交往，有美好，也有爭吵、不合。有人互相祝福、和平分手；有人大吵一架、撕破臉，甚至誓不兩立，傷害對方、殺害對方。

「謝謝你，陪我走過那美好的歲月與回憶！」

「謝謝你對我未曾有恨。」

在感情上，也許緣盡了，也許個性實在不合，兩人無法共度一生，就理性分手、互相祝福吧！

**我會看到你的好、學習你的優點，我也會努力進步，激發我的潛力，我們一起進步、一起大步向前吧！**

# 正向溝通留言板

國家圖書館出版品預行編目資料

超優溝通力，人生得意不碰壁：凡事圓融溝通，讓你滿面春風！ / 戴晨志著 . -- 初版 . -- 臺中市 : 晨星, 2017.11
面；公分 . ——（戴晨志；06）

ISBN 978-986-443-353-7（平裝）

1. 人際傳播 2. 溝通技巧

177.1　　106016807

戴晨志 06

# 超優溝通力，人生得意不碰壁

## 凡事圓融溝通，讓你滿面春風！

作者　戴晨志
編輯　王韻絜
校對　戴晨志、王韻絜
插畫　yukito（兒童島工作室）
美術設計　張蘊方
封面設計　張蘊方

創辦人　陳銘民
發行所　晨星出版有限公司
台中市 407 工業區 30 路 1 號
TEL:(04)2359-5820　FAX:(04)2355-0581
E-mail:service@morningstar.com.tw
http://www.morningstar.com.tw
行政院新聞局局版台業字第 2500 號
法律顧問　陳思成 律師
初版　西元 2017 年 11 月 01 日

郵政劃撥　22326758（晨星出版有限公司）
讀者服務　（04）23595819 # 230
印刷　上好印刷股份有限公司

定價 270 元

ISBN 978-986-443-353-7
Published by Morning Star Publishing Inc.
Printed in Taiwan